同济大学新农村发展研究院课题
同济·黄岩乡村振兴学院教程读本

黄岩探索
——新时代乡村振兴工作法

杨贵庆　吴　亮　等著

·上海·

内容提要

本书是关于乡村振兴规划建设实践方法的探索总结。在对浙江省台州市黄岩区美丽乡村规划建设实践十年探索的基础上，本书深入阐释了"文化定桩""点穴启动""柔性规划""细化确权""功能注入""适用技术""培训跟进""党建固基""城乡共富""话语构建"的"新时代乡村振兴工作法"十法、40个要点，并结合黄岩的实践案例给予了具体分析和生动展示。

本书理论联系实际，图文并茂，通俗易懂，适用于大专院校城乡规划学、建筑学和风景园林学等学科和相关专业学生的理论学习并作为其规划设计课程的学习读本，同时可作为从事国土空间村庄规划、乡村规划设计建设和管理人员的业务参考读物，以及从事乡村振兴工作的干部培训学习参考教材。

图书在版编目（CIP）数据

黄岩探索：新时代乡村振兴工作法 / 杨贵庆，吴亮著 . -- 上海：同济大学出版社，2023.4
 ISBN 978-7-5765-0807-9

Ⅰ.①黄… Ⅱ.①杨…②吴… Ⅲ.①农村—社会主义建设—工作—黄岩区 Ⅳ.① F327.554

中国国家版本馆 CIP 数据核字（2023）第 045712 号

黄岩探索——新时代乡村振兴工作法

杨贵庆　吴　亮　等著

| 责任编辑　荆　华 | 责任校对　徐春莲 | 封面设计　杨贵庆 | 装帧设计　朱丹天 |

出版发行	同济大学出版社　www.tongjipress.com.cn （地址：上海市四平路1239号　邮编：200092　电话：021-65985622）
经　销	全国各地新华书店
印　刷	上海丽佳制版印刷有限公司
开　本	787mm×1092mm　1/16
印　张	13
字　数	324 000
版　次	2023年4月第1版
印　次	2023年4月第1次印刷
书　号	ISBN 978-7-5765-0807-9
定　价	128.00元

本书若有印装质量问题，请向本社发行部调换　版权所有　侵权必究

《黄岩探索——新时代乡村振兴工作法》撰写组

撰 写 单 位　同济大学

主要著作人　杨贵庆　吴　亮

参与著作人　王先知　里雨曦　徐　华　龚维灿　宋代军　王　祯
　　　　　　王艺铮　陈　康　陈　虹　李啸鹏　开　欣　但梦薇
　　　　　　肖颖禾

编 辑 助 理　吴子君

序

方守恩

同济大学党委书记

教授,同济大学新农村发展研究院院长

  党的二十大报告提出"全面推进乡村振兴",强调要"坚持农业农村优先发展,巩固拓展脱贫攻坚成果,加快建设农业强国,扎实推动乡村产业、人才、文化、生态、组织振兴"。以习近平新时代中国特色社会主义思想统领乡村振兴伟大事业,以中国式现代化全面推进中华民族伟大复兴,是我们必须肩负的历史使命。

  同济大学于2013年成立新农村发展研究院,围绕扶贫攻坚、乡村振兴等国家战略,深入研究乡村振兴相关理论,积极构建农业农村科教结合、多学科协同的综合服务模式,持续培养乡村振兴高层次人才。特别是在发挥多学科优势方面,以城乡规划、环境、交通、经济管理等学科和专业组建一流学科群交叉团队,将人才培养、理论研究、实践验证、推广示范等有机结合,强化"政、产、学、研、用"一体化协同,探索新时代乡村振兴人才培养的模式和路径,探索形成了高质量服务"三农"发展的"同济模式"。

  我校建筑与城市规划学院杨贵庆教授、国家现代化研究院吴亮教授等组织了编撰团队,在同济大学与浙江省台州市黄岩区美丽乡村规划建设十年来校地合作的成果基础上,提炼出最新研究成果"新时代乡村振兴工作法",及时总结出"文化定桩""点穴启动""柔性规划""细化确权""功能注入""适用技术""培训跟进""党建固基""城乡共富""话语构建"的"新时代乡村振兴工作法"十法、40个要点。这个成果具有系统的理论价值和生动的实践意义,希望能在全面推进乡村振兴的新征程上,为全国各地乡村振兴规划建设实践提供指导,推动区域经济社会高质量发展。

  本书是同济专业团队十年来乡村振兴探索和实践的方法提炼和理论总结,

也是校地密切合作的共同成果。希望校地双方能够进一步拓宽合作领域，深化合作内涵，提高合作水平，为新时代全面推进乡村振兴提供更多、更坚实的理论支撑和生动实践，共同谱写中国式现代化高质量发展的新篇章。

方守恩

2023 年 4 月 28 日

前　言
实施乡村振兴战略呼唤"新时代乡村振兴工作法"

新时代我国实施乡村振兴战略的大幕已经拉开，全国正在掀起全面推进乡村振兴的伟大工程。党的十九大报告提出"实施乡村振兴战略"。紧接着，中央农村工作会议，提出实施乡村振兴战略"三步走"时间表，即：到2020年，乡村振兴取得重要进展，制度框架和政策体系基本形成；到2035年，乡村振兴取得决定性进展，农业农村现代化基本实现；到2050年，乡村全面振兴，农业强、农村美、农民富全面实现。乡村振兴"三步走"目标，与推进国家现代化时间表高度一致。2018年中央一号文件《中共中央 国务院关于实施乡村振兴战略的意见》提出：实施乡村振兴战略是决胜全面建成小康社会、全面建设社会主义现代化国家的重大历史任务，是新时代"三农"工作的总抓手。2022年10月，党的二十大报告提出"全面推进乡村振兴"，指出"坚持农业农村优先发展，巩固拓展脱贫攻坚成果，加快建设农业强国，扎实推动乡村产业、人才、文化、生态、组织振兴"。没有乡村振兴的决定性进展，就不可能有中国特色社会主义国家现代化的实现。

乡村振兴为什么意义十分重大？

实施乡村振兴战略，将积极回应城乡差距持续拉大的问题。这一战略的"用力"虽然在乡村，但其效果是"全国一盘棋"，其目的是要构建城乡协调发展格局，逐渐消除城乡发展的"不平衡"问题。只有全面发展乡村地区，减少以至消除贫困和落后，国家现代化才能真正实现。那么，如何使得被城镇化进程甩在后面的中国广大乡村真正地"生"起来、"活"起来？必须实施乡村振兴战略。这是党中央站在国家民族发展全局高度和历史文明进程广度上提出来的。乡村振兴是一个内涵十分丰富、作用十分重大、意义十分深远的系统工程，它包括乡村的"产业振兴、人才振兴、文化振兴、生态振兴和组织振兴"，它努力实现"产业兴旺、生活富裕、乡村文明、生态宜居、治理有效"。它通过整体地发展乡村的产业经济、社会文化和空间环境，造就乡村产业内生动力。通过"创造性转化、创新性发展"的"双创"，实现乡村优秀传统文化保护、利用和传承。

在生态文明发展理念的统领下，全面振兴我国的乡村，使得我国乡村与城市一道，成为国家现代化进程中两种不同类型的人居形态，同样具有现代化，展现出具有中国特色的现代化伟大图景。

城乡融合促进城乡要素双向流动，将成为实施乡村振兴战略的关键。城、乡要素内涵丰富，不仅包括各自的环境资源、劳动力、资金、基础设施等物质内容，还包括广阔的文化资本和社会资本。随着生产力水平的持续发展，生产关系和社会结构不断出现新类型，人们生活方式和价值观念也随之变革。一方面，农民向往城市，通过务工、移民成为"新市民"；另一方面，一些市民"财务自由"之后，可能向往乡村，向往"田园牧歌"式生活，或租赁、或投资改造农房以适合现代居住要求，也有在一些传统风貌特色的历史文化村落，利用乡村非物质文化遗产等地方特色开展文旅、文创活动，开辟新商业模式。国土空间规划等一系列规划建设安排，可促进区域道路交通、市政基础设施、教育文化和医疗等公共服务设施在城乡协调发展中统筹布置，以促进城乡融合发展。

因此，乡村振兴是解决城乡发展不平衡的关键所在。实施乡村振兴战略是在我国建设中国特色社会主义道路的新时代提出的一项重要战略。它将对今后一个时期我国广袤乡村全面"强起来"有重要推动作用，从而进一步为实现美丽中国奠定坚实的社会、经济、文化和生态基础。

当前，"乡村"这个重要地域空间类型和社会经济文化角色，得到了前所未有的关注。城乡融合发展理念在国家政策层面得以体现，实施乡村振兴战略在全国开展实践，传统村落保护得到广泛重视。生产力发展和社会变革已经把人类社会从传统农耕文明带入工业文明和信息社会。如果说当下传统农业时代的乡村衰退是一种历史必然，那么，乡村振兴被重点确立也是一种历史必然。社会结构巨变打破了过去乡村社会的平衡，同样，它也可成为重塑中国乡村现代化和新型城乡关系的契机。通过规划的作为，把过去我国城乡"二元对立"发展成为城乡"二元融合"关系，从而开创城乡现代化的创新、协调、绿色、开放、共享之路。

乡村振兴为什么面临巨大挑战？

整体上看，乡村地域仍然面临着全面发展和提升的巨大挑战。由于我国乡村正经历着急剧的社会结构变化，加上我国地域经济社会发展不平衡、不充分，要全面实现乡村振兴，任重道远。随着工业化、城镇化的快速发展，一方面，在区域内部，乡村被邻近城市的崛起甩在了后面，城乡之间在新的发展层级出现新的落差；另一方面，在区域之间，乡村还需要克服地域发展不平衡、发展不充分的困境。由于种种原因，在一些偏远地区，"乡村"在一定程度上成为"落后"的代名词，一些乡村"肌体"面临贫血或失血，活力衰退。

我国过去40多年城镇化进程虽然取得了举世瞩目的成就，但同时也隐含着城乡差距拉大的危机。一方面，城镇化率从改革开放初期的20%左右，到2022年年末的65.22%[①]，40年增加了约40个百分点，平均每年以新增约1000万城市人口的规模高速增长，带动了城市建设规模和速度迅猛增加。城镇化让城市吸纳了约4亿农民。这些新增人口一般集聚在沿海经济发达地区或省域重点城镇，形成了农村剩余劳动力向大城市、特大城市、超大城市集聚的基本态势。近年来，高速铁路网及其站点的建设，更是加剧了发达地区城镇对落后地区、乡村地区人口的"抽血"作用，使得原来人口密集、经济发达的地区进一步形成大都市城镇密集区的格局。另一方面，反观那些被"掏空"青壮年人口的乡村地区，长期以来农业经济水平发展的滞后，社会经济结构整体动力的衰减，乡村传统优秀文化资源的断裂和消亡，使得我国不少地区乡村被城镇化进程远远甩在了后面。城镇化的进程高歌猛进，但是城乡差距令人担忧，这已经成为城镇化"量"与"质"的核心问题，也不断演进成为社会发展"不平衡"的主要矛盾之一，并将威胁到社会稳定发展的大局。因此，城镇化进一步发展必须要考虑到乡村这一发展的短板。

乡村振兴该如何推进？

实施乡村振兴战略呼唤规划思想理论和方法创新。随着我国经济整体发展和农民生活水平的提高，农村住宅的新建、改建需求十分迫切，村民建房量大、面广、速度快，出于对现代生活方式、价值观和审美观的不同理解，以及在设计引导上的缺失，各地村庄风貌呈现凌乱无序、风貌失控的现象；同时，乡村现代化需要相应的基础设施和公共服务设施，需要面向广大村民的"人"的公平发展和充分发展。如何解决好我国乡村人民日益增长的美好生活需要和不平

---

① 国家统计局发布2022年国民经济和社会发展统计公报。公报显示，2022年年末全国常住人口城镇化率为65.22%，比上年末提高0.50个百分点。中国经济网，2023年2月28日。

衡不充分的发展之间的矛盾？这需要我们在理论上突破，在实践上引领。

理论来自于实践，方法源自于探索。自2013年以来，同济大学黄岩区美丽乡村教学实践团队历经十年，先后开展了黄岩区西部的屿头乡沙滩村、宁溪镇乌岩头村和直街村、头陀镇头陀村、南城街道蔡家洋村和民建村、高桥街道瓦瓷窑村、北洋镇潮济村、茅畲乡下街村等多个村庄的规划实践。经过努力，我们把曾经脏乱差的沙滩老村、近乎荒废的乌岩头古村等改造成为浙江省历史文化村落保护利用现场会的考察点，受到了社会广泛关注和中央电视台专题报道。在深入实践的基础上，总结了《黄岩实践——美丽乡村规划建设探索》《乌岩古村——黄岩历史文化村落再生》《乡村人居——黄岩村庄风貌导则探索》等科研理论成果，较好地带动了社会效益和经济效益。

推进乡村振兴关键在人才。全面推进乡村振兴，需要各方面大量人才。不仅需要乡村发展的各方面专家人才，更需要落地实施的本土人才。高校肩负着培养人才的使命。在同济大学和浙江省台州市黄岩区各级党委、政府的共同推动下，2018年2月6日，全国首家乡村振兴学院"同济·黄岩乡村振兴学院"在黄岩区挂牌成立。同济大学党委书记方守恩等校领导专程赶到黄岩区为学院成立揭牌。该振兴学院集理论研究、实践探索、教育培训功能于一体，院址直接建在经过修复后的村庄里，"在地化"培养乡村振兴的人才队伍，让经过同济团队指导改造的乡村，成为在大地上可"翻阅"的一本本鲜活的教科书。

"乡村振兴工作法"源于何处？

"同济·黄岩乡村振兴学院"的成立，引起了社会广泛关注，其中包括国家级新闻媒体的关注。2018年春节刚过，以《财经国家周刊》副总编吴亮率队的记者团队和以同济大学江波副校长任组长的调研团队，专程赴浙江省台州市黄岩区采访调研，希望从基层乡村建设实践探索中寻找答案。大家认为，选择浙江黄岩的原因有二：其一，浙江省是习近平总书记有关生态文明系列重要论述和"两山"理论的发源地，浙江省在破解"三农"问题，推进美丽乡村建设进程中有着多层次的政策安排与丰富实践。黄岩区地处浙江中部，常住人口60多万人，流动人口20多万人，这里"七山一水两分田"，既有大面积的山区，也有冲积平原；既有相对发达的工业和城市形态，又有相对落后农村地区存在的典型问题。他们积极推进乡村振兴战略，已取得一定成效。其二，记者们了解到同济师生团队从2013年年初就开始与黄岩区合作了，并且了解到我担任黄岩区美丽乡村建设的"首席规划师"多年，几乎每两周一次往返上海与黄岩之间，把乡村规划、文化再生的一系列研究与实践写在黄岩乡村的土地上。同济师生团队多年来向黄岩乡村的"逆行"和情怀以及社会责任感深深地触动了记者。记者们认为，同济大学与黄岩区的多年校地合作，以乡村规划、乡村建设为切入点，通过乡村规划、建设、人才培养的具体实践，助推了黄岩乡村的产业、人才、文化、生态和组织的一系列振兴。

"乡村振兴工作法"是在广泛深入调研的基础上，汇集各方智慧而形成的。一开始，以吴亮带队的新闻媒体团队建议我对过往的黄岩乡村实践凝练出"乡村振兴工作法"。我从规划设计方面提出八条工作经验方法，并且提出：乡村振兴从规划设计方案到真正能够得以实施，绝对不仅仅是规划设计的专业问题，它必须靠当地体制机制保障。新闻媒体记者、同济调研组人员和黄岩区区委、区政府召开专门的座谈会，地方政府又提出了若干条乡村振兴的工作经验方法。最终，由吴亮等执笔汇总成为工作法十条，并在每一个工作法下面细化为4个要点，由此形成40个要点。2018年4月2日，《财经国家周刊》（2018年第7期）以"黄岩报告：乡村振兴工作法"为题发表了这篇"极度调查"报告[①]。因此，"乡村振兴工作法"是一个集体智慧的结晶，它凝聚了同济大学师生团队、黄岩区当地各级党委、政府以及新闻媒体记者们的辛勤努力和总结提炼。在浙江省和台州市的大力支持下，黄岩区引入同济大学专业团队，探索与推进"乡村振兴工作法"，促进全区工作迈上了新台阶，开拓了实施乡村振兴战略的路径和方法。

"新时代"的重要性体现在哪里？

自2018年4月发表"乡村振兴工作法"至今，又已经过去5年。5年来，同济·黄岩乡村振兴校地合作的这一"乡村振兴工作法"成果获得了广泛社会认可，同时，随着时代发展，对于实践的总结还需要不断进取，工作法的内涵阐释还需要进一步深入。此外，其中的个别表述可作适当的修改和完善。通过5年来的理论思考和实践探索，我们对"乡村振兴工作法"的认识又有了新的深度和广度，特别是要把"乡村振兴工作法"与我们所处的"新时代"历史方位紧密联系，

---

① 吴亮，王先知，里雨曦. 黄岩报告：乡村振兴工作法[J]. 财经国家周刊,2018,7：22-33.

提出"新时代乡村振兴工作法"。当前,我国各地已经全面完成脱贫攻坚任务,全面对接乡村振兴工作,全面扎实推进乡村振兴。党的二十大报告提出"以中国式现代化全面推进中华民族伟大复兴"。"中国式现代化"这一关键词,体现了中国共产党带领中国人民建设具有中国特色社会主义的道路自信。"中国式现代化"的内涵和本质要求,蕴含着与我国当前实施乡村振兴战略中五大振兴的逻辑关联性。以"中国式现代化"指引乡村振兴,开启了建设中国式乡村现代化的新征程。

由此,在之前《财经国家周刊》"乡村振兴工作法"十法、40个要点的框架基础上,本书结合新时代的时代背景,对每一种工作法和要点进行深入阐述、修改和完善,并增加了相应的实践案例。所列的实践案例都是结合黄岩乡村在地化实践而撰写的,其中部分章节有黄岩地方一线管理干部所做的贡献。

全书共分为10章。各章节主要撰写人员如下:

第1章——按语:杨贵庆;1.1:杨贵庆、吴亮、王先知、里雨曦;1.2:杨贵庆、肖颖禾;1.3:杨贵庆、肖颖禾、开欣等。

第2章——按语:杨贵庆;2.1:吴亮、王先知、里雨曦、杨贵庆;2.2:杨贵庆;2.3.1:杨贵庆等;2.3.2:杨贵庆、开欣等。

第3章——按语:杨贵庆;3.1:吴亮、王先知、里雨曦、杨贵庆;3.2:杨贵庆;3.3:杨贵庆。

第4章——按语:杨贵庆;4.1:吴亮、王先知、里雨曦、杨贵庆;4.2:宋代军;4.3.1:宋代军;4.3.2:李啸鹏;4.3.3:宋代军。

第5章——按语:杨贵庆;5.1:杨贵庆、吴亮、王先知、里雨曦;5.2:杨贵庆、开欣、但梦薇;5.3:杨贵庆、但梦薇、开欣等。

第6章——按语:杨贵庆;6.1:杨贵庆、吴亮、王先知、里雨曦;6.2:王祯、杨贵庆;6.3:王祯、杨贵庆。

第7章——按语:杨贵庆;7.1:吴亮、杨贵庆、王先知、里雨曦;7.2:杨贵庆;7.3:徐华、龚维灿、陈康、杨贵庆。

第8章——按语:杨贵庆;8.1:吴亮、王先知、里雨曦、杨贵庆;8.2:杨贵庆;8.3:龚维灿。

第9章——按语:杨贵庆;9.1:杨贵庆、吴亮、王先知、里雨曦;9.2:杨贵庆；9.3.1：王艺铮、陈虹、杨贵庆；9.3.2：李啸鹏。

第 10 章——按语：杨贵庆；10.1：吴亮、王先知、里雨曦、杨贵庆；10.2：杨贵庆；10.3：杨贵庆。

全书由杨贵庆统稿。

希望本书的出版，使得基于黄岩实践而努力探索的新时代乡村振兴工作法，为我国实施乡村振兴战略的伟大事业贡献一份力量！

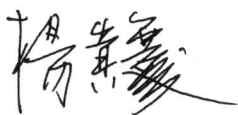

同济大学建筑与城市规划学院教授、博士生导师
同济大学新农村发展研究院中德乡村人居环境规划联合研究中心主任
教育部高等学校城乡规划专业教学指导分委员会委员
中国城市规划学会"山地城乡规划学术委员会"副主任委员
同济·黄岩乡村振兴学院 执行院长

2023 年 3 月 1 日

目 录

序   方守恩

前 言   实施乡村振兴战略呼唤"新时代乡村振兴工作法"   杨贵庆

第 1 章　工作法之一：文化定桩 ······ 1
1.1　文化定桩工作法要点 ······ 3
1.2　乡村人居文化特征 ······ 5
1.3　实践案例 ······ 11

第 2 章　工作法之二：点穴启动 ······ 21
2.1　点穴启动工作法要点 ······ 23
2.2　"穴位"选择的要领 ······ 26
2.3　实践案例 ······ 32

第 3 章　工作法之三：柔性规划 ······ 43
3.1　柔性规划工作法要点 ······ 45
3.2　乡村建设的循序渐进 ······ 47
3.3　实践案例 ······ 54

第 4 章　工作法之四：细化确权 ······ 65
4.1　细化确权工作法要点 ······ 67
4.2　壮大村集体经济实现可持续发展 ······ 69
4.3　实践案例 ······ 72

第 5 章　工作法之五：功能注入 ······ 83
5.1　功能注入工作法要点 ······ 85
5.2　村庄闲置公共设施的活化利用 ······ 87

5.3 实践案例 ··· 95

第 6 章　工作法之六：适用技术 ·· 105
　　6.1 适用技术工作法要点 ··· 107
　　6.2 适用技术提升乡村建设水平 ··· 108
　　6.3 实践案例 ·· 116

第 7 章　工作法之七：培训跟进 ·· 125
　　7.1 培训跟进工作法要点 ··· 127
　　7.2 开创"在地化"乡村振兴人才培训新模式 ······································· 129
　　7.3 实践案例 ·· 131

第 8 章　工作法之八：党建固基 ·· 141
　　8.1 党建固基工作法要点 ··· 143
　　8.2 党建是实现乡村振兴的制度保障 ·· 145
　　8.3 实践案例 ·· 146

第 9 章　工作法之九：城乡共富 ·· 151
　　9.1 城乡共富工作法要点 ··· 153
　　9.2 创建共同富裕微单元 ··· 155
　　9.3 实践案例 ·· 159

第 10 章　工作法之十：话语构建 ·· 171
　　10.1 话语构建工作法要点 ··· 173
　　10.2 探索创新"中国式现代化"乡村振兴规划建设理论 ························· 175
　　10.3 实践案例 ·· 180

附　录 ·· 184
主要参考文献 ·· 186
后　记 ·· 191

1

第1章 工作法之一：文化定桩

按 语 本章是"新时代乡村振兴工作法"的第1章，也是全书的开篇。把"文化定桩"列于篇首，就是要体现出"文化振兴"是乡村振兴的灵魂作用。千百年来，我国各地乡村之所以能够延续传承至今，就是因为有着乡村文化的根基，靠的是乡村文化的维系。我国各地基于传统农耕方式发展而来的乡村，蕴含着丰富的人居文化。乡村人居文化通过物质空间环境和非物质文化遗产等多种形式来展现。但是，由于种种原因，不少乡村优秀传统文化被掩盖在岁月和风尘之下，有的随着时光而流逝，有的因为被不恰当的改造方式破坏。当前，要高质量全面推进乡村振兴，必须认识到乡村文化的价值，在保护和利用好乡村优秀文化遗产的基础上，通过创造性转化、创新性发展来发扬光大乡村文化。在乡村规划建设发展的过程中，根植好乡村优秀传统文化，如同建造房屋"打桩"打好文化根基，才能使乡村具有自身的特色，为乡村建设树立文化灵魂，为下一步的乡村发展奠定基础。

1.1　文化定桩工作法要点

1.2　乡村人居文化特征
    1.2.1　乡村人居文化的形成
    1.2.2　乡村人居传统文化的当代意义
    1.2.3　乡村人居文化性、社会性和空间性的相互关系
    1.2.4　传统村落蕴含丰富的文化宝藏

1.3　实践案例
    1.3.1　文化定桩工作法在黄岩区屿头乡沙滩村规划建设中的运用
    1.3.2　文化定桩工作法在黄岩区宁溪镇乌岩头村规划建设中的运用

1.1 文化定桩工作法要点

"文化定桩"指通过对地方各类型文化资源进行挖掘、整理和提炼,确定乡村物质空间和精神内涵的主题,以统领乡村产业经济、社会文化和空间环境的各项实践。

"文化定桩"的主要思路是:寻找到村民的文化认同点。文化是乡愁的载体,更是乡村的灵魂。村落的建筑和空间环境是历史文化的外化表现。对于传统村落的规划、修复和改造,首先要进行的是文化的挖掘与定位,挖掘和确立一个乡村独有的文化内涵,实施"文化定桩"。

在浙江黄岩西部乡村,我们通过调研发现,凡是留存至今的老旧村庄,一般都具有其自身的历史文化信息。这些信息有的是以物质形态的方式呈现,例如村庙、祠堂、传统院落、古树等,有的是以非物质形态呈现,例如风俗、节庆、工艺,还有的是以传说故事的方式口口相传、代代相传,被村志等地方志或者相关书籍所记载。由于种种原因,一些村庄历史发展的珍贵信息,散落在岁月风尘下面。乡村振兴的工作,首先要寻找和挖掘、修复和再现,使得乡村物质环境的建设具有文化灵魂。

文化定桩工作法包括以下 4 个要点(图 1-1)。

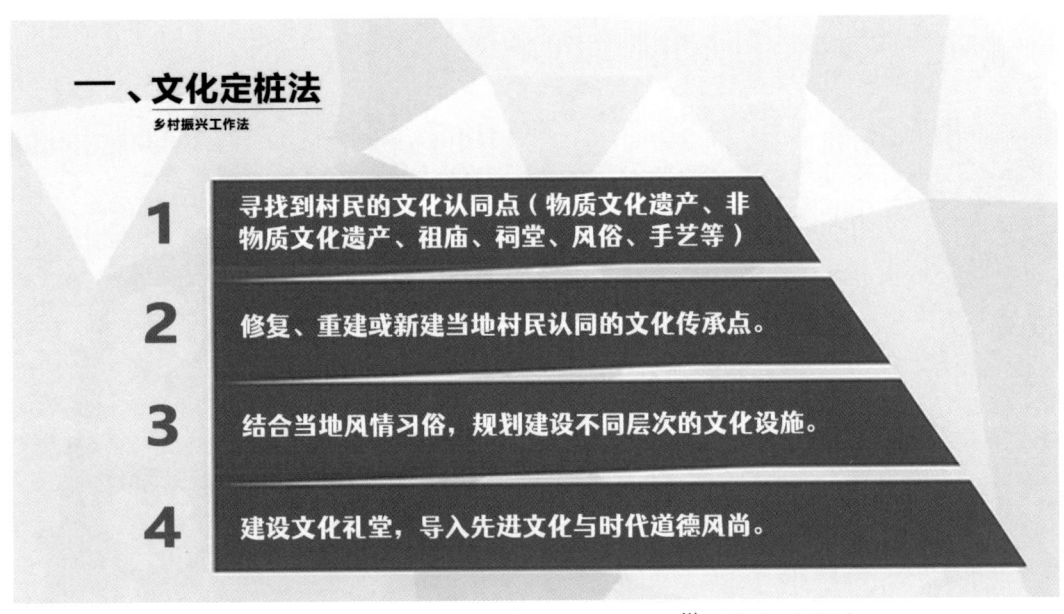

图 1-1 文化定桩工作法的 4 个要点[1](制图:梁晨)

（1）寻找到村民的文化认同点，包括物质文化遗产和非物质文化遗产，像祖庙、祠堂、风俗、手艺等。

（2）修复、重建或新建当地村民认同的文化传承点。

（3）结合当地风情习俗，规划建设不同层次的文化设施。

（4）建设文化礼堂，导入先进文化与时代道德风尚。

专栏1-1 "每个人心里都有一个乡村的模样"

每个人心里都有一个乡村的模样。

一些人喜欢乡村，盼望回归田园生活，但又常吐槽乡村的各种现状，抱怨乡村的凋敝和失序。

我们还能回归乡村吗？或者说，中国社会在推进城市化的同时，是否还能迎来"乡村的复兴"？让我们既获得城市的繁华，又能享受乡村的美好，能够在城市与乡村之间"自由地切换"。

……

屿头乡沙滩村是杨贵庆团队在黄岩打造的第一件"作品"。该村址原是乡政府驻地，但因乡政府及"新村"异地重建，原有的老街巷、住宅和"乡公所"基本处于自然衰退和被废弃的状态，该村成了"半空心村"。

这也是我国不少乡村的现状：旧村庄被废弃，"新村"建设堆积了许多没有文化特征、简单仿效小城镇的二、三层楼房。

杨贵庆说，文化是乡愁的载体，更是乡村的灵魂，建筑和空间环境是文化的外化表现。对沙滩村的规划、修复和改造，首先进行的是文化的挖掘与定位，挖掘和确立一个乡村独有的文化内涵，实施"文化定桩"。

南宋开庆元年（1259年），沙滩村所在地村民黄希旦因扑火救人牺牲，其人其事被皇帝表彰。此后，黄希旦被当地村民奉为"先祖"并建太尉殿，建成后香火不断，每逢农历十月初一，村民还举办社戏活动。杨贵庆认为，"崇尚英雄"和"养我德行"是当地的文化之根。

这一文化挖掘，成为沙滩村规划和修复的起点。

（引自："黄岩报告：乡村振兴工作法"，作者：瞭望智库研究员 吴亮 王先知 里雨曦。《财经国家周刊》，2018年第7期，23-25）

专栏 1-2 "黄岩区屿头乡沙滩村的文化定桩"

　　杨贵庆团队和当地干部、村民一起,指导村民围绕太尉殿建设社戏广场,基于朱熹曾在此讲学而形成的柔川书院文化元素,规划建造面向少年儿童、供他们寒暑假来此学习优秀传统文化的柔川学堂,兼做乡村振兴学院讲堂;对太尉殿周边原废弃的人民公社时期多个集体设施和场地进行适应性改造和利用,规划指导村民将原有坑塘水面扩大,受"太尉殿"和"柔极溪"启发取名"太极潭",同时保留保护周边古树名木,修建凉亭步道,结合当地树种建设公共绿地,最大化保持沙滩村文化风韵。

　　在文化定桩、修复基础上,杨贵庆团队对乡村文化创造性转化、创新性发展,进一步挖掘和建设民俗风情文化区、中医养生文化区、耕读文化体验区等,形成了不同层次的文化体验氛围,通过将当地文化、风物、原住民有机整合在一个村落空间,构成了文化认同与传承的有机体。

　　当地党委和政府大力推进村庄文化礼堂建设,把优秀的传统文化与社会主义核心价值观教育紧密结合,以一条主线穿起了不同层次的文化挖掘,初步形成了新时代的农村文化和乡土文明。截至 2018 年 4 月,黄岩区已在全区不同村庄兴建起文化礼堂 151 个。

　　(引自:"黄岩报告:乡村振兴工作法",作者:瞭望智库研究员 吴亮 王先知 里雨曦。《财经国家周刊》,2018 年第 7 期,25)

1.2　乡村人居文化特征

1.2.1　乡村人居文化的形成

　　乡村人居文化的形成和演进受到不同时期政治、经济、社会文化甚至军事防御等诸多因素影响。在生产力水平较为落后的时期,以生存繁衍为基本目的的定居多选址在易于耕种、收成和避灾的地区,先民的耕作活动逐渐发展形成乡村聚落。农作物收成主要依靠自然条件,而灾害的打击让人无所适从。因此,"靠天吃饭"反映出对自然的依赖,也伴随着对自然灾害的恐惧。由此产生对自然力的敬畏和崇拜,将一切吉凶祸福归于神的力量,敬神祈福成为原始民众的精神支柱①。各地乡村聚落信奉的神灵不同,常见的有供奉土地神求风调雨顺,东南沿海地区信奉妈祖求出海平安,藏族地区信仰山神求丰收和安康等。自然崇拜逐渐成为乡村聚落文化内容的重要组成。

为了抵抗自然灾害威胁、外族侵略和兵灾威胁,乡村聚落的发展要求家族成员紧密团结并以聚居方式相互支撑。随着封建社会宗法制度的推行以及宗族制度的倡导,乡村以血缘和亲缘关系聚族而居的现象普遍。宗族制度讲究依照血缘等级原则维护家族秩序②,强调家族整体优先于个人,一切以家族的团结、延续为宗旨。为增强家族凝聚力和认同感,通过建造祠堂、编制族谱等方式传承秩序观念,祭祀先祖表达对先祖的尊崇并祈求保佑,如刘军③研究的广东伛坑村中的卢氏家族通过大规模拜山活动祭祀先祖表达敬意、祈求财富和安全;通过制定家规家训宣扬儒家思想中的忠孝仁义等品德,纪念品行杰出的族人以宣扬家族精神;讲究"学而优则仕",以做官光宗耀祖、衣锦还乡为荣。这样的乡村聚落集体认同感和向心力最强,一方面由于家族严密的血缘网络的资源调配;另一方面来自内心对祖先的极度尊崇和族众的友善。④

如今,生产力和生产关系发生了巨大的变化,城乡关系二元结构彻底打破了传统农耕社会高稳定的乡村社会一元结构。乡村聚落大量的劳动力等资源要素外流至城镇,乡村总人口特别是青壮年人口急速减少,"空心村"现象普遍。生产力水平提高,一定程度上导致对自然力量崇拜意识的减弱;同时,生产关系的变化导致传统大家庭结构瓦解,代之以核心家庭主体结构,导致宗族观念淡化,村民的集体感与归属感减弱。传统的农业社会和耕作经济下形成的乡村社会结构在现代市场经济体制的影响下逐步瓦解,乡村聚落的传统文化特质也随之流失。

1.2.2 乡村人居传统文化的当代意义

乡村人居传统文化具有十分宝贵的精神财富。以保全生存、繁衍发展为目标的乡村聚落,在历史演进过程中积淀了丰富的文化内涵,包括家族文化、宗教信仰文化、民俗文化及物质文化等。传统家族文化中提倡的长幼有序、孝敬长辈等观念仍可促进当代乡村聚落的乡风文明建设,对具有优秀品行的人或事迹的传颂纪念也是维护社会和谐稳定的一种方式。乡村聚落的传统民俗文化是村民日常生活的重要文化本底,它极大地丰富了乡村日常生活内容。民俗活动的举办有助于乡村社区活力的提升以及邻里关系的巩

---

① 孙大章. 中国民居研究 [M]. 北京:中国建筑工业出版社,2004.
② 王沪宁. 中国的村落家族文化:状况与前景 [J]. 上海社会科学院学术季刊,1991(1):106-114.
③ 刘军. 客家移民流动与乡村聚落变迁——对一个华南乡村姓氏的追踪调查 [J]. 广西民族研究,2007(2):68-74.
④ 刘森林. 中华聚落:村落市镇景观艺术 [M]. 上海:同济大学出版社,2011.

固，是现代乡村社会认同感和归属感的重要来源。因此，这些文化内涵在当今依然有其积极意义和实用价值，其社会价值对当代乡村聚落社会结构的活力仍可发挥借鉴作用。

乡村人居中的乡土信仰文化发源于对自然、祖先和优秀人物的崇拜，给村民以精神慰藉并进行道德教化，也是乡村聚落重要的共同价值构建基础及社会凝聚力量之一。乡土信仰文化能影响村民价值观念并维系社会关系，郎维伟等[①]认为沈村的两种宗教文化不仅在精神领域对村民行为制定了规范准则，而且对通过贴近村民生活的宗教仪式来满足村民心理需求，两种宗教文化共同成为村落社会维系的精神要素。龚成红等[②]认为宗教文化始终是打拉池人历史接续和社会维系的主线，宗教是社会整合的重要机制之一。

乡村人居演变过程中形成的文化特质具有多样性和地域性，并对正在转型的乡村社会关系的重构有重要的社会意义。乡村振兴中提出文化振兴是灵魂，深入挖掘乡村文化，通过丰富的文化表现形式、提供多样的物质及活动载体等方式，发挥文化的引领作用，促进城乡文化融合，在保护传承的基础上赋予时代内涵。因此，对乡村聚落的文化特质进行具有当代性的创造性转化和创新性发展成为乡村振兴的重要使命。

1.2.3 乡村人居文化性、社会性和空间性的相互关系

乡村人居的文化特质不是孤立存在的。根据对乡村聚落的文化观念、社会结构以及空间形态的研究发现，乡村聚落的文化性、社会性和空间性具有有机的对应关系（图1-2）。乡村聚落从生存繁衍的本底向宗族发展壮大的目标行进，正是三者有机关系在不同历史时期不断建构的过程。乡村社会结构的变化影响村民的生产和生活方式，生产和生活方式也会作用于文化观念的形成，文化观念反过来也会改变社会的结构。而文化和社会的关系正是通过物质空间形态加以呈现，空间形态同时也巩固了乡村聚落的文化观念和社会结构。

乡村人居的村落空间结构形态以及建

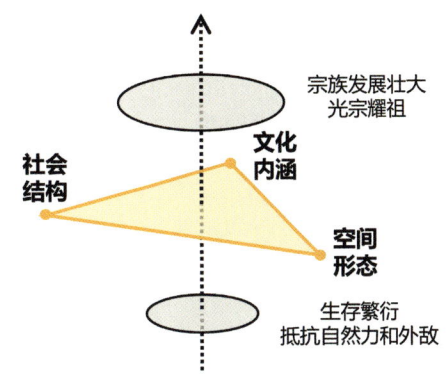

图1-2 乡村人居文化性、社会性和空间性的有机对应关系[2]

---

① 郎维伟，周勇军. 嘉绒藏族村落社会的宗教文化——以大渡河上游的沈村为例[J]. 民族学刊，2015，6（2）：74-80.
② 龚成红，杨文炯. 宗教文化与村落社会的整合——以白银市平川区共和镇打拉池村为个案[J]. 甘肃社会科学，2015（6）：219-222.

筑内部功能空间的布局一般是由家族社会结构关系决定的，而社会结构与空间结构的对应关系也是社会文化和建筑文化形成的基础。乡村聚落的家族文化中，宗族观念的空间承载即为聚落中的祠堂以及民居中的祖堂等，是祭祖、家族议会以及举办家族活动的场所。聚族而居的方式决定了民居建筑群的规模尺度。祠堂、祖屋在聚落中的布局方式以及中轴对称的民居内部布局反映了家族的等级观念，充分展示出家族的等级秩序。家族文化中宣扬的礼制思想可通过牌坊体现，乡村聚落中的牌坊包括忠烈坊、功名坊、功德坊、节孝坊、义行坊等，以纪念在不同方面做出突出贡献的族人。例如，一些聚落中的文昌阁、文峰塔等信仰建筑，以及书院、文庙、文馆等都是"学而优则仕"思想的产物①，展示了对文化教育的倡导。而这些反映社会结构关系和公共价值观念的场所，通常都是村落或家族院落中重要的公共空间。

乡村人居的乡土信仰文化可由寺庙、钟楼以及佛堂等物质空间展现。钟楼、祭坛、土地庙等是崇敬自然的象征，关公庙、观音庙等是祈求所供奉的神话人物的保佑，还有一些庙殿，供奉当地具有一定神化色彩的先贤。乡土信仰场所通过承载信仰活动来体现乡土信仰文化，主要是在日常和节庆期间为祭拜祈祷和集体信仰仪式活动提供空间载体。乡土信仰建筑的空间类型及分布与其功能及服务范围有关，如规模较大的院落式或独殿式信仰场所通常供奉护佑范围较广的神灵，也多位于护佑范围的中心位置；规模较小的自由式信仰场所则多供奉护佑范围小的神灵，可能是一间小屋子或仅由建筑围墙外龛坛构成，与居民的生活场所较近[9]。这些乡土信仰场所也是乡村聚落公共空间的重要组成部分。

乡村人居文化与空间具有对应性。文化需要空间表达，而有品质的空间本身就具有义化性。乡村人居文化丰富的要素，直接或间接地反映在空间特质上，凝聚成为所谓的"乡土风貌特色"，共同组成了具有地方特色的乡村人居文化。因此，乡村人居文化与空间特质具有对应性，甚至一致性，难以分割。民俗文化通常是由家族文化和乡土信仰文化为基础衍生而来，空间呈现也是以承载民俗活动的公共空间为主。乡村聚落中，建筑文化一方面由普通民居形式体现。另一方面通过聚落中反映核心价值观念和社会结构的公共建筑或构筑物来展现。由上可见，乡村聚落中的社会结构和文化精神相互依存，共同反映于物质空间，并以公共空间为主要载体（图1-3）。

1.2.4 传统村落蕴含丰富的文化宝藏

我国丰富多彩的乡村人居文化集中体现

---

① 何韶颖，杨爽，汤众.传统信仰场所的空间叙事——以潮州古城为例[J].现代城市研究，2016（8）：17-23.

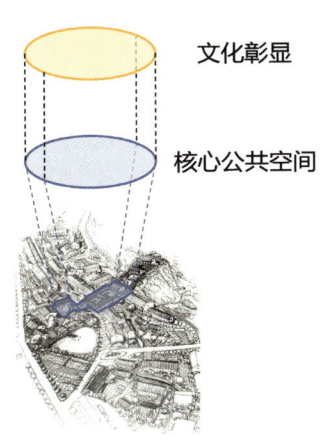

图 1-3 乡村人居核心公共空间的文化彰显[2]

在各地传统村落空间环境中。千百年来，我国传统农耕文明积累了久远、丰富的乡村人居文化，伴随着农耕文化和乡村社会的发展，成为中国传统文化体系中的瑰宝，与传统村落的物质空间融为一体，传承至今。

为此，国家专门出台了相关政策来加强传统村落保护和利用的工作。2012年，《住房与城乡建设部 文化部 国家文物局 财政部关于开展传统村落调查的通知》中对"传统村落"定义为："村落形成较早，拥有较丰富的传统资源，具有一定历史、文化、科学、艺术、社会、经济价值，应予以保护的村落。"其中，传统村落又划分为三大类型：①"传统建筑风貌完整"的村落；②"选址和格局保持传统特色"的村落；③"非物质文化遗产活态传承"的村落。因此，传统村落的定义充分体现了乡村人居文化的内涵。

在一些地方，传统村落还以"历史文化村落"的表述出现。例如，浙江省2012年在全省开展了历史文化村落保护和利用的工作，出台了《关于加强历史文化村落保护利用的若干意见》（中共浙江省委员会办公室〔2012〕38号）。其中，按照不同的文化内涵，把历史文化村落分为"古建筑村落""自然生态村落"和"民俗风情村落"三种主要类型，具体对应的空间特征见表1-1。

表 1-1　　　　　　　　　浙江省历史文化村落类型划分与空间特征一览表

序号	村落类型	具体空间特征
1	古建筑村落	（1）现存古民宅、古祠堂、古戏台、古牌坊、古桥、古道、古渠、古堰坝、古井泉、古街巷、古会馆、古城堡等历史文化实物和非物质文化遗产比较丰富和集中； （2）能较完整地反映某一历史时期的传统风貌和地方特色； （3）具有较高历史文化价值
2	自然生态村落	（1）以"天人合一"理念为基础，村落选址、布局、空间走向与山川地形相附会； （2）村落建筑与自然生态相和谐，农民生产生活与山水环境相互交融； （3）自然生态环境、特种树木以及相应村落建筑保护较好
3	民俗风情村落	（1）根据特定民间传统，形成有系统的婚嫁、祭典、节庆、饮食、风物、戏曲、民间音乐舞蹈、工艺等非物质文化遗产； （2）有约定俗成的民俗活动，传统民俗文化延续至今，为当地群众所创作、共享、传承

资料来源：作者根据文件整理。

乡村人居文化具体体现在许多物质空间类型方面。从表1-1的"古建筑村落""自然生态村落"和"民俗风情村落"三种不同类型历史文化村落来看，都指向了先民关于人居环境建设的遗存，通过物质形式或非物质形式传承了下来。不管是物质的呈现，还是通过非物质遗产方式的传承，都离不开物质空间的承载。例如，我国不少地区的乡土文化信仰及其相应的空间场所、场地，至今传承当地村民对中国传统文化中有关善、孝、敬、礼等内容的崇尚，它们或许和某些宗教信仰的空间场所交错在一起，但作为乡村社会崇尚优秀传统文化的内核，支撑了相应的空间环境。

总体上看，乡村人居文化主要体现的空间场所呈现出系列化特征，反映在村落主体街巷空间的点、线、面多类型中，各自承载了相应的文化内涵[1]。例如，亭、台、廊、桥、碑、百年大树等，其中，比较重要的空间载体是"戏台"及其连带的社戏广场等。因此，深入调研乡村人居环境要素，深入挖掘乡村人居文化内涵，结合空间环境改造，进一步加强、完善乡村文化与空间的相互支撑，才能予文化十空间载体、予空间以文化灵魂。

专栏1-3 "激活古村落，南宋文化是张'好牌'"

前不久浙江省召开的全省深化"千万工程"建设新时代美丽乡村现场会，提出"率先走出一条城乡融合、共富共美的新路子"，强调要"让古村落真正'活起来'、让乡土文化'传下去'"。今年的浙江省政府工作报告也提出，"加快浙江文化标识建设，系统开展宋韵文化研究传承和南宋文化品牌塑造"。笔者认为，如果要让浙江的古村落真正"活起来"，那么加大对南宋文化的资源整理、内涵挖掘、文化保护赓续和创新利用，积极塑造南宋文化品牌，无疑是一条重要的发展路径。

一方面，南宋文化资源是浙江古村落文化的"富矿"。众所周知，南宋建都临安（今杭州）接近一个半世纪，对于浙江地区社会、经济和文化等影响之大、浸润之深，为历史上其他朝代所难以企及。还有一些皇室宗亲围绕都城而分布于相邻地区，比如台州府就是南宋朝廷的辅郡，作为"宗室徙居"之地。再加上多元宗教及其寺庙文化的影响，尤其是南宋时期"书院文化"的兴盛，对于以传统农耕文明为特征的乡土宗族及村落产生了深刻影响。因此，与南宋文化资源相关的物质和非物质文化遗产成为这一地区古村落的重要文化特征，这些应当成为我

---

[1] 杨贵庆，王祯.传统村落风貌特征的物质要素及构成方式解析——以浙江省黄岩区屿头乡沙滩村为例[J].城乡规划, 2018（2）: 24-32.

们今天活化、振兴古村落的重要文化资源之一。

例如，我们同济团队在乡村实践中就碰到过这样的事。2016年黄岩区屿头乡前礁村村民建房挖地基时发现了一座墓葬——距今800年的南宋赵伯澐墓（赵匡胤七世孙）。经浙江省文物考古研究所和台州市黄岩区博物馆的抢救性发掘，出土文物中的系列丝绸服饰形制丰富、织物品种齐备、纹饰题材多样，被誉为"宋服之冠"，G20杭州峰会期间作为国家级展品展出。基于如此重要的南宋文化资源，结合黄岩长潭湖地区乡村振兴目标，我们规划设计了"宋韵文化园"，不仅保护了墓葬及其周边环境，展现了深厚的南宋文化底蕴，而且以宋韵文化为品牌，带动了周边古村落的振兴。

另一方面，古村落要有"文化灵魂"才能真正"活起来"。由于生产力水平的提高，传统农耕时期的生产关系及其家族社会关系发生巨大变化，古村落物质空间也随家族聚落瓦解而衰败。因此，古村落要真正"活起来"，必须找到与当今社会发展相匹配的新的社会关系。如今，城乡要素双向流动提供了历史性机遇，而古村落文化内涵及特色对促进要素互动起着决定性作用。南宋文化资源能为古村落植入深厚的传统文化基因，对于浙江的许多古村落来说，如果能围绕南宋文化资源进行挖掘、提炼、转化和创新，将可促进古村落的活化和再生。

……

总之，浙江大地南宋文化资源极其深厚且丰富，如果把南宋文化品牌塑造和古村落保护利用两者结合并予以统筹谋划，通过宋韵文化系统化的提炼和创造性转化、创新性发展，将走出一条浙江文化标识建设的创新之路。

（引自："激活古村落，南宋文化是张'好牌'"，杨贵庆，《浙江日报》"思享者"专栏，2022年1月28日。编入时有节选）

1.3 实践案例

1.3.1 文化定桩工作法在黄岩区屿头乡沙滩村规划建设中的运用

1.3.1.1 屿头乡沙滩村区位

浙江省台州市黄岩区屿头乡沙滩村，距上海市高铁站3小时车程，距杭州高铁站2小时车程。自"杭台高铁"2021年底通车后，两地车程又缩短了1小时（图1-4）。沙滩村是同济大学黄岩美丽乡村规划教学实践团

图 1-4 案例所在区位 [2]

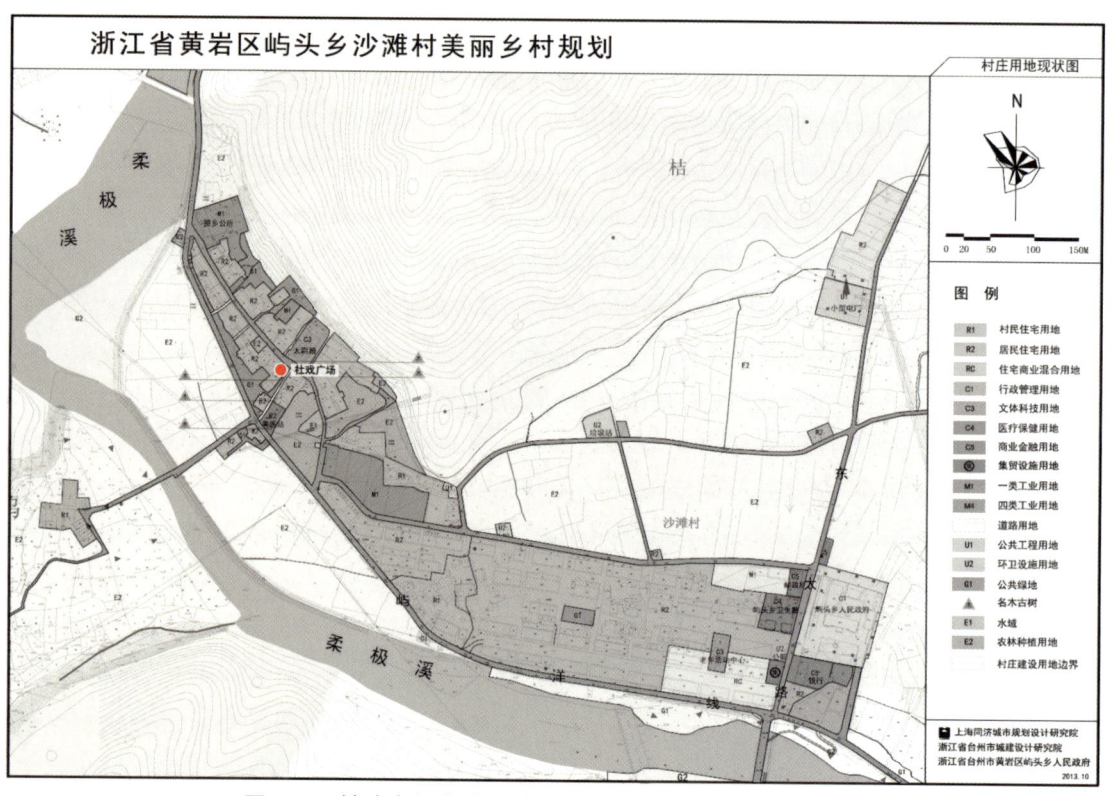

图 1-5 社戏广场在沙滩村老街区块的位置（红点标注）[2]

队从 2013 年以来倾心规划建造的一个点，经过十年来的有机更新和不断完善，取得了一定成效。它于 2016 年作为浙江省历史文化村落保护和利用现场会的参观点，入选"中国村庄发展：浙江样本研究"之一。研究成果汇集出版了《黄岩实践》①《耕读致远》②等专著。

沙滩村的老街区块在人民公社时期曾经是乡政府所在地，之后乡政府搬迁到东部。村民新建住宅基本上都向东发展，老街区块就由此逐渐衰落了。社戏广场就选址在老街区块太尉殿大门之前的位置（图 1-5）。

1.3.1.2 沙滩村文化资源挖掘和提炼

黄岩区屿头乡沙滩村是浙江省级历史文化村落，文化底蕴深厚，是拥有以太尉殿为代表的道教文化、柔川书院的儒家文化、农耕文化、中医养生文化以及近现代建筑文化的美丽乡村试点村，文化要素丰富多样。

沙滩村的规划建设起源于对乡村独有文化内涵的挖掘，最终定位于太尉殿南侧，营造新的社戏广场。太尉殿始建于南宋年间，元成宗元贞元年（1295 年）修建时有石刻碑文记载，距今已有 800 多年历史。其建造缘起是朝廷纪念因扑火救人而牺牲的村民黄希旦，敕建"太尉殿"和"忠应庙"，后人将他奉为"太祖爷"。至今，太尉殿香火旺盛，每逢农历十月初一，村民依然通过举办社戏活动来表达对他的崇敬。"崇尚英雄"和"养我德行"是沙滩村的文化之魂，也是沙滩村文化振兴的基石，太尉殿即为沙滩村村民的文化认同点。同时，深挖沙滩村的历史，我们还发现了这一村庄和"柔川黄氏"的来龙去脉。据载始迁祖北宋工部尚书黄懋率领黄氏一族从福建迁居而来，"柔川黄氏"从此播散开去，远近闻名。

在规划定位明确后，采用一系列方法来文化定桩。沙滩村中存有太尉殿和柔川书院两大文化元素以及人民公社时期的乡公所、兽医站、卫生院、粮站等公共建筑（图 1-6），均为不同时期村民的文化认同点。但现状大多已荒废，仍然发挥公共服务功能的建筑数量很少，并不能满足村民需求。针对公共服务设施供需之间的矛盾，对历史上的文化认同点进行修复和改造，最终实现对老村中具有文化内涵的建筑的保护和重建，并结合村民活动及乡村旅游的需求进行适应性功能改造（图 1-7），从而延续老村的文脉，恢复沙滩村的文化气息。如柔川书院旧址恢复成优秀传统文化的教育基地，同时兼有乡村振兴学院的功能；人民公社时期的建筑根据其位置布局和室内空间，适应性地改造为信息服务中心、文化礼堂、民宿等。

文化定桩首先针对乡村聚落中衰败的建筑和空间环境，尤其是具有文化内涵的核心公共空间。核心公共空间一般具有较好的物

---

① 杨贵庆，等. 黄岩实践——美丽乡村规划建设探索 [M]. 上海：同济大学出版社，2015.
② 王荔，杨贵庆，陶小马. 耕读致远——台州沙滩村发展研究 [M]. 杭州：浙江大学出版社，2021.

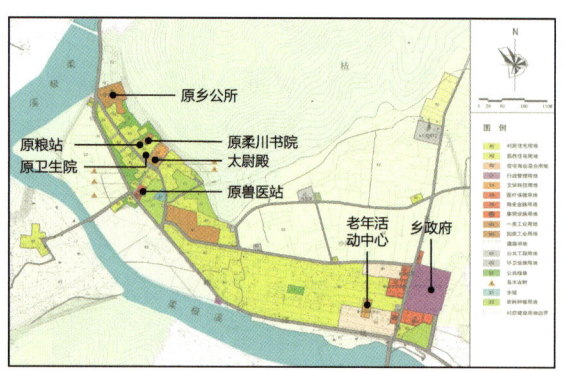

图 1-6　沙滩村现状用地及公共设施分布图[2]

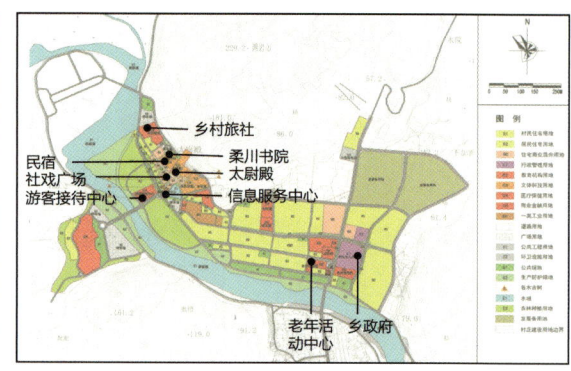

图 1-7　沙滩村规划用地及公共设施分布图[2]

质空间基础，是聚落传统文化特质的主要载体、村民的文化认同点，因此也是文化振兴重要且首要的"穴位"。聚焦于核心公共空间进行文化定桩，便于在有限的资金条件下落实，从而带动乡村聚落文化的全面振兴。文化定桩结合点穴启动的方式，适用于资金条件受限的乡村逐步推进文化振兴，可操作性较强。

1.3.1.3　规划设计

在对沙滩村的文化挖掘之后，即对核心公共空间进行规划设计。原先的太尉殿建筑破损，殿前空间杂乱荒废。为适应村民供奉活动需求、弘扬沙滩村文化，规划设计沙滩村社戏广场，整理太尉殿前分散杂乱的茅厕、垃圾，配套以干净整洁实用的公共厕所，修建戏台，建亭廊，形成以太尉殿为主，由戏台、社戏广场以及配套设施共同组成的核心公共空间，重塑村民的文化传承点（图 1-8—图 1-11）。

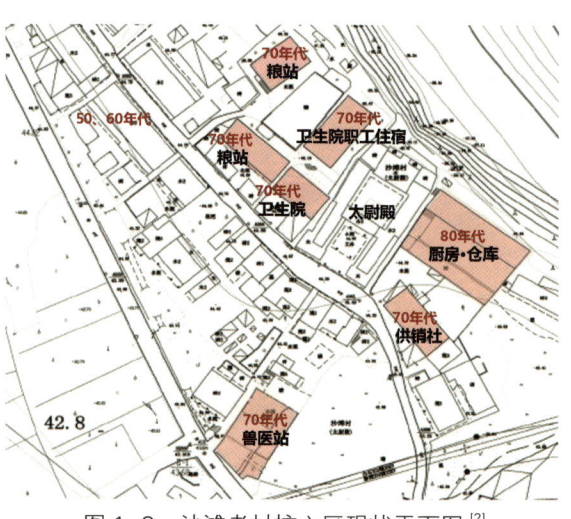

图 1-8　沙滩老村核心区现状平面图[2]

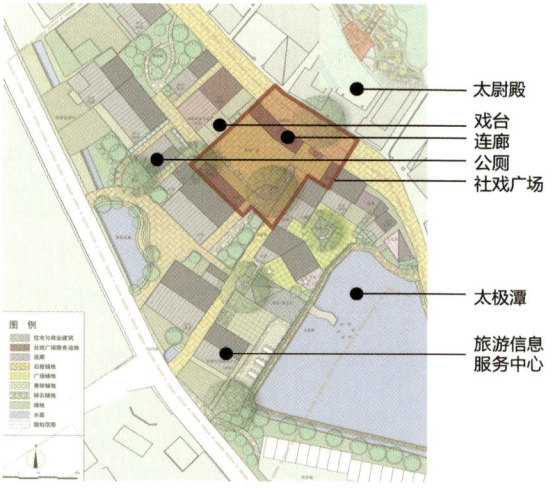

图 1-9　沙滩老村核心区规划平面图[2]

1.3.1.4 建造实施

空间通过功能使用产生意义。沙滩村的核心公共空间是以太尉殿为主体的乡土信仰空间，也是村内家族活动的举办场所，同时还能满足村民休憩交流、体育健身的空间需求（图1-12—图1-16）。核心公共空间的建成带动了周边其他公共活动场所的创造性转化和创新性发展，修复的柔川学堂兼有乡村振兴学院的功能，人民公社时期建成的多处集体设施也适应性地改造为信息服务中心、文化礼堂、民宿等。以核心公共空间为中心的沙滩老村修复改造，在尊崇传统文化

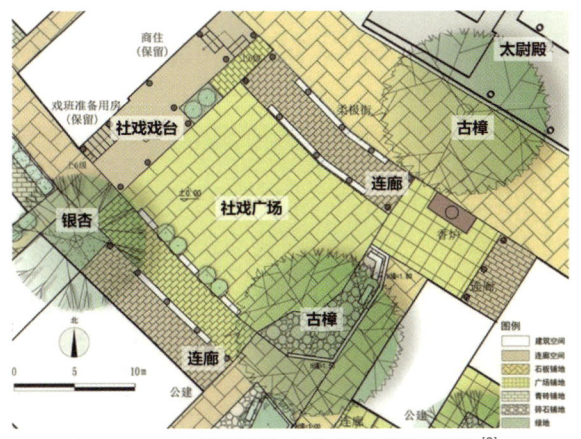

图1-10　沙滩村核心公共空间平面图[2]

图1-11　沙滩老村核心区模型效果图[2]

图1-12　沙滩村核心公共空间[2]

图 1-13 沙滩村广场舞[2]

图 1-14 沙滩村太极拳活动[2]

图 1-15 沙滩村社戏演出[2]

图 1-16 沙滩村黄氏圆谱庆典大会[2]

的基础上逐步推进。

沙滩村核心公共空间的营造，为沙滩村的黄氏村民祭祖活动和乡土信仰活动提供了场所，不仅有助于传统的家族文化和乡土信仰文化的传承，增强村民的文化认同和自豪感，而且也满足了当下村民的健身旅游活动需求，有助于构建新型的乡村社会结构，提升村民的归属感和凝聚力。此外，在城乡要素流动的背景下，核心公共空间也是游客和村民之间的互动交流场所，可促进乡村融入新型的城乡关系。

1.3.2 文化定桩工作法在黄岩区宁溪镇乌岩头村规划建设中的运用

1.3.2.1 案例概况

乌岩古村坐落于浙江省台州市黄岩区西部山区的宁溪镇，距离上海约400公里（图1-17）。其生态环境良好，拥有清新的空气、清澈的溪流、丰富多样的农业种值、悠久的历史文化内涵。2013年，乌岩头古村被列为浙江省历史文化村落保护和利用重点村。在2013年乌岩头古村改造规划刚开始时，从上海开车至乌岩古村要7个多小时，路程

图 1-17　乌岩古村区位示意图[3]

图 1-18　乌岩头村鸟瞰图
图片来源：宁溪镇人民政府办公室提供。

较为困难，而现在通过高铁仅需3个小时，加上30分钟的车行即可到达。

2015年2月，同济大学规划设计团队针对原先编制的规划难以操作实施的困境，与宁溪镇党委政府一起，把乌岩头新村和老村结合起来编制保护和再生的规划，并付诸产业策划、社会参与，一同推进乌岩古村乡村振兴规划实施。该规划于2015年底完成，并于当年开始实施。同济大学城市规划系教学实践团队全程指导了这项规划的实施。2018年4月24日，该项工作被中央电视台以乡村振兴专题在"焦点访谈"节目播出，宣传了这一"同济-乌岩模式"。

乌岩古村最初的起源是在唐代大历三年（768年），由陈氏家族在此定居。村内重要的历史建筑大部分建于清末至民国时期。1997年，乌岩古村的大部分村民搬迁到附近的新建村庄中，步行距离约5分钟。2013年仅有三户老人仍留在古村内，古村中的历史构筑物和建筑物，例如村口老石桥、村集体打米厂，以及大多数传统木构住宅等已荒废。

根据文化定桩工作法，同济规划设计团队选定了相应的工作对象开始实施。以下举村口老石桥和民俗博物馆改造两个案例，其位置关系图见图1-19。

1.3.2.2　村口老石桥修复为"双桥伴溪"景点

村口老石桥始建于清朝咸丰年间，是村落悠久历史的重要见证，作为传统村落的"文化定桩"加以保护、传承和转化再利用（图1-20）。桥身由石块砌筑而成，共两跨，其中一跨为拱券形式，另一跨为石条平桥。由于平桥这一跨早年被洪水冲垮，因此，2013年镇政府打算全部拆除进行重建，但这将彻底破坏原有遗存和风貌。同济规划团队及时提出了不同方案。经过同济桥梁专家鉴定，拱券部分结构仍安全完整，建议保留加固，铲除桥面上的水泥铺装，露出原有的石块图样。同时，号召村民找回被冲落的长石条，加以抬升并连接，从而达到恢复老桥的目的。

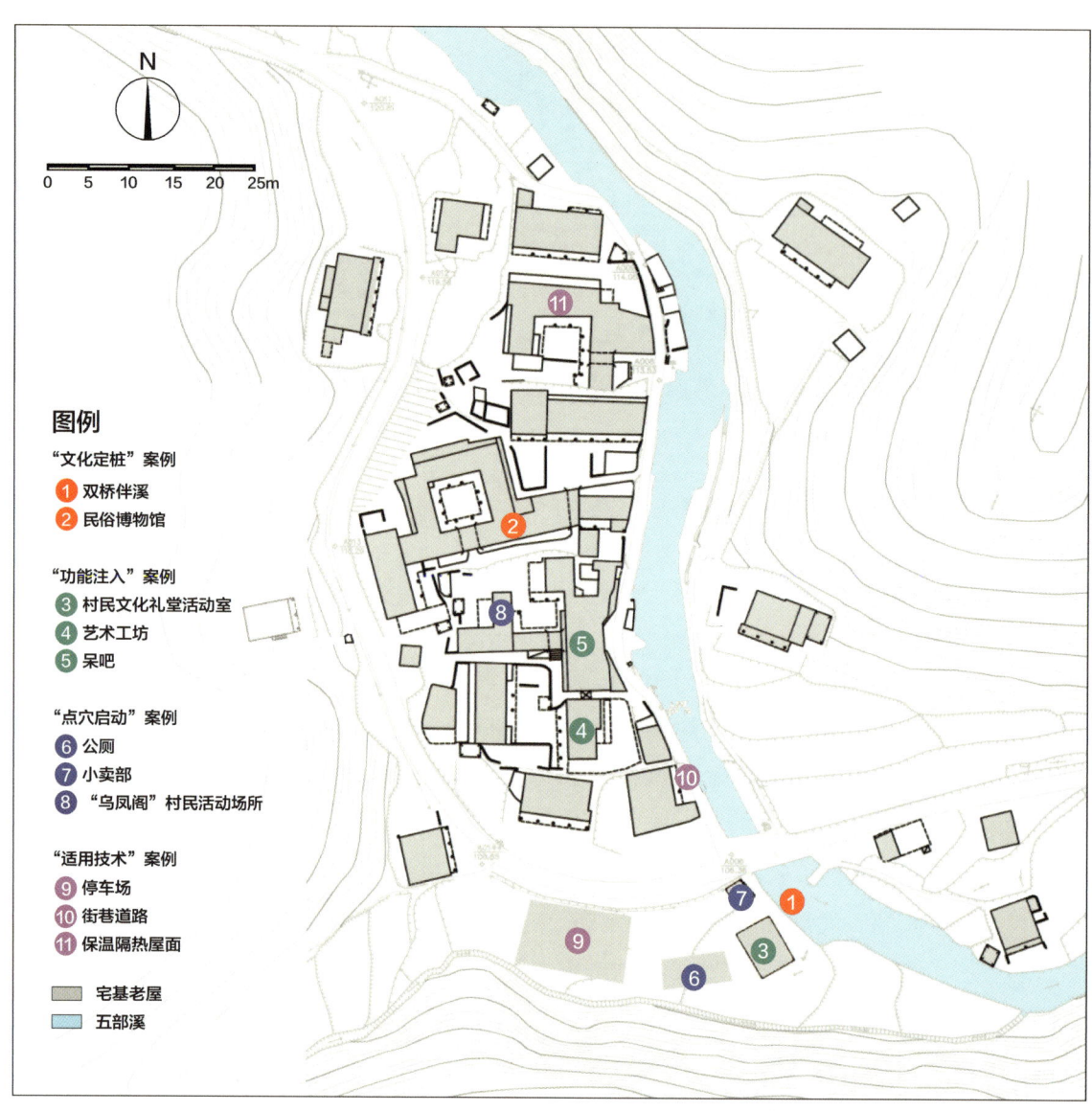

图1-19 乌岩古村文化定桩等项目位置示意[3]

此外，原先建桥时刻有碑文"永济桥"的石碑也被找回，在石桥拱券的一侧辟出一块场地放置，形成一处桥碑小广场，供村民和游客了解建桥和村落历史。老石桥恢复后，作为步行功能连接改造后的村民活动中心"文化礼堂"，受到村民欢迎。为此，规划团队在老石桥南侧的溪坑大石块上书刻"双桥伴溪"，为传统村落的旅游开发增添了一处特别景观。老石桥的恢复不仅保留了原有古桥的传统风貌，而且又不失使用功能，成为提升溪岸综合环境品质和历史文化内涵的重要一步。

改造前（2012年）　　　　　　　　　　改造后（2017年）

图1-20　村口老石桥改造前后对比[3]

（a）改造前南侧外墙与场地　　　　　（b）改造后院落与建筑回廊

图1-21　老四合院改造成为"民俗博物馆"[3]

1.3.2.3　老四合院改造为乡村"民俗博物馆"

老四合院是乌岩头古村陈氏家族留存下来规模最大的一座院落式住宅，2013年被"修旧如旧"加以保护修建。但由于其采光不足、室内阴暗，层高低矮、空间分割狭小，内部结构、功能使用已经不适应现代居住的使用需求。同济规划团队根据"文化定桩"的创新理念，结合老四合院建筑空间转型使用的可能性，以及传统村落整体性历史文化风貌特征，将其定位为"民国印象"主题的民俗博物馆（图1-21）。当地政府找到了收藏民国时期风物的民间收藏家，通过提供开发民宿为交换条件的方式，为社会免费提供藏品参观。在建筑改造过程中，通过增加屋顶采光、抽空部分二层楼板、打开参观流线廊道等方法，并联系上下两层的环路作为游览参观流线，形成了符合陈列藏品和利于参观活动功能的序列空间（图1-22）。这一改造，使得"民俗博物馆"不仅成为乌岩头古村平日里接纳游客参观的重要场所,而且也成为社会各界尤其是少年儿童了解民国时期日常生活器物的学习途径。而这个特色展示内容,与传统村落的整体历史文化印象是协调一致的。

图 1-22 改造后的乌岩头村民俗博物馆
图片来源:宁溪镇人民政府办公室提供。

第 2 章　工作法之二：点穴启动

按　语　本章将讨论如何启动乡村振兴的具体建设工作。我国各地经济发展水平差异较大，即便是在同一个省份，县、市区的经济实力差异也较明显，经济条件有限的地方，要一下子对乡村建设投入大量资金是比较困难的。此外，不同地方、不同类型的乡村，用地权属比较复杂，村民观念还无法统一。因此，乡村建设不宜采用全面展开的方式，相反，要采用"点穴启动"的方法。在充分调研的基础上，遴选好"一举多得"、规模适当的公共环境建设项目，通过建设，一方面能够迅速改变乡村脏乱差的旧貌，让村民获得切实的实惠；另一方面，能够较好地树立乡镇和村干部的威信，让村民自愿接受，并能够积极支持下一步的行动。"点穴启动"与上一章"文化定桩"相结合，就意味着要找到乡村的"文化穴位"，使得公共环境建设项目能够承载乡村优秀传统文化内涵，这将极大提升村民的文化自信心和自豪感。

2.1 点穴启动工作法要点

2.2 "穴位"选择的要领
2.2.1 点准"文化穴位","千村千面"更动人
2.2.2 "点穴启动"村庄规划的十个要领

2.3 实践案例
2.3.1 沙滩村社戏广场的"点穴启动"
2.3.2 乌岩头村点穴启动案例

2.1 点穴启动工作法要点

不管是一般的村庄规划也好，还是传统村落保护和利用规划也好，"点穴启动"应是一种比较重要且有效的方法。笔者通过多年在浙江黄岩乡村的规划建设实践，得出的经验是：以文化定桩为要领，基于城乡要素的双向平等流动，通过"点穴启动"赋予村庄以时代功能，打造村庄核心公共空间，凝聚民心合力，形成乡村的重要精神文化场所。因地制宜规划设计村庄的核心公共空间，从而为场所精神的创新营造提供较好的物质载体。那么，如何具体地运用好这一方法？要做好这一点，点穴的位置选择和设计方法要领就十分关键。

一个具有历史人文积淀的村庄，特别是传统村落，要推进美丽乡村建设，实现乡村振兴，必须精准把握其"文化穴位"。只有充分结合"文化穴位"，物质设施环境的改善提升才能切实发挥功效，才能体现乡村的独特魅力。这也好比治病，既采用西医治标，又通过中医方法找准穴位，针灸点穴，方能疏通经络、生发元气。

点穴启动工作法包括以下 4 个要点（图 2-1）。

（1）先建一个干净整洁实用的公共厕所，至关重要。

（2）建设村庄公用平台，增强农民集体意识。

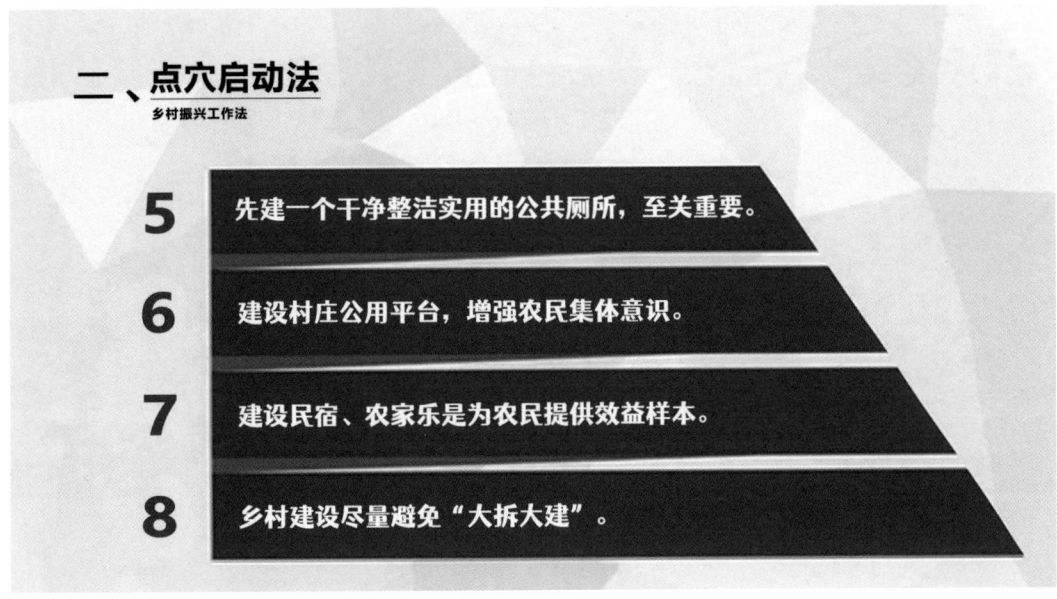

图 2-1 点穴启动工作法的 4 个要点[1]（制图：梁晨）

（3）建设民宿、农家乐是为农民提供效益样本。

（4）乡村建设尽量避免"大拆大建"。

"点穴启动"的过程，也是与村民的共识逐步形成的过程，让村民逐步感受到"村庄未来可能的模样"，意识到"原来还可以这样生活"①（图2-2—图2-4）。

图2-2 规划改造后，旧村变美景，柴火房变成咖啡屋[1]（谢锐佳摄）

图2-3 猪圈变为品茗室[1]（谢锐佳摄）

图2-4 原本破败的民房变成散发书卷气的乡间书屋[1]（谢锐佳摄）

① 吴亮，王先知，里雨曦.黄岩报告：乡村振兴工作法[J].财经国家周刊，2018，7：22-33.

专栏 2-1　"通过这种点穴式启动，能够让村民快速有获得感"

　　沙滩村的乡村改造让当地村干部和村民直言找回了自信和自尊，但最初，这个工程并没有得到村民的一致拥护。

　　杨贵庆团队认为，这是因为当地村民，包括一些基层干部，并不知道未来的乡村是什么样的，能够给他们带来什么样的改变。

　　如何推进？杨贵庆总结说，村庄有五个"穴位"，或者说五个功能点需要优先激活，通过这种点穴式启动，能够让村民快速有获得感：

　　第一，先建一个干净整洁实用的公共厕所。

　　原来分布散乱的"茅厕"，既不卫生，又"让人没有尊严"。厕所不仅是村庄的体面，也是所有村民的面子。建造一处"像样"的公厕，不仅可满足村民的急需，也为将来发展村庄文化旅游打好基础。

　　第二，建设一个规模恰当的村民文化场。

　　对沙滩村来说，文化场也是社戏场，是全体村民的娱乐中心和文化认知场所，同时为村民和外来游客提供一处相互交流的场所。文化广场选址需因地制宜、规模适合。

　　第三，建设一个信息服务中心，集无线网络、邮件和快递收发、图书阅读为一体，这也同时是村民活动室。

　　沙滩村的信息服务中心充分利用原来废弃的"兽医站"建筑和场地，既承载了一段历史，又体现了新的功能。它现已成为4A级"柔川景区"的游客信息服务中心。

　　第四，建设一个规模适合的生态化停车场。

　　停车场既可满足村民生活水平日益提高之后使用小汽车的需求，同时又可为游客服务。沙滩村的停车场充分利用零碎荒废的用地，并采用透水植草砖、竹子挡墙等方法，突出其生态性。

　　第五，建设一处带有农家乐功能的民宿。

　　鼓励有积极性的村民利用自家的房屋，在地方政府的适当资助下，按照规划布局要求建设一处符合经营设施标准和卫生标准的餐饮住宿场所，为其他村民展示一个可以直接获取经济收益的样本。

　　黄岩区与同济大学的合作推进越来越顺利，目前已初步完成宁溪镇乌岩头村、

> 宁溪镇直街村、屿头乡沙滩村、北洋镇潮济村等改造项目，并正在推进头陀镇头陀村、屿头乡柔川景区上凤区块、屿头乡前礁村宋韵文化园、高桥街道瓦瓷窑村庄整治、演太线（乌岩头—沙滩）沿线补给点以及涉及南城街道、头陀镇中华橘园等项目。
>
> （引自："黄岩报告：乡村振兴工作法"，作者：瞭望智库研究员 吴亮 王先知 里雨曦。《财经国家周刊》，2018年第7期，25-26。编入时有节选）

2.2 "穴位"选择的要领

2.2.1 点准"文化穴位"，"千村千面"更动人 [①]

所谓"文化穴位"，是指最能体现一个村庄历史人文特色并可被赋予创新价值的场所空间。这个概念有两层含义：其一，反映这个村庄有别于其他村庄的、独特的历史文化内涵，如出自本村的历史文化名人及其故事，历史上发生的重要事件，独特的地方戏剧、民俗、传统工艺等非物质文化遗产；其二，呈现历史人文特色的活动场地（包括周边建筑物、构筑物等），如祠堂、宗庙、乡土信仰的场所，连带其他古建筑、古树、古桥、古碑、古井等构筑物。换言之，既需要挖掘、凝练特色历史人文抽象的东西，又需要呈现这些历史人文要素的具象的东西，两者有机结合在一起，就是村庄的"文化穴位"。

因此，"文化穴位"并不是一个抽象的概念，也不是一个只有场地空间而缺少独特文化内涵的地方。同时，"文化穴位"不仅反映村庄的历史人文过往，而且应当结合当下的日常生活、乡村产业等需求，承载具有创造性转化、创新性发展的城乡要素。

然而，我们在走访各地时发现，一些地方存在着对乡村文化认知和做法上的偏差，甚至是"破坏性美化"，或者说"建设性破坏"，需要引起警觉和重视。比如，一些地方照搬照抄文化标签、标贴，村庄入口标识的相似复制，缸坛瓦罐的各种堆砌，涂鸦墙到处可见，一些墙画的主题突兀、色彩夸张，不仅与乡村环境格格不入，而且与周边自然山水"抢镜"。这些表面性、粗浅的乡村文化认知和做法，继续下去恐怕会导致乡村风貌雷同、"千村一面"。

诚然，造成这些尴尬和遗憾的原因是多

[①] 杨贵庆. 点准"文化穴"，"千村千面"更动人[N]. 浙江日报，2021-12-10（7）.

方面的，其中最关键的，是由于对乡村文化的认识不深、挖掘不够，说到底，是没有点准"文化穴位"。

"点穴启动"的"穴位"是一处具有场所精神的空间。而关于空间场所精神和品质的研究，一直以来是学界研究和业界设计师所关注的重点之一，相关文献之多不胜枚举。经典论著如《人性场所》①以使用者为设计对象而采用相应的设计方法，针对城市开放空间的设计提出了系统化的设计导则。

蔡永洁②在研究大量中外城市广场之后所给予的基本评价中指出："城市广场的定义首先是社会学的，其次才是空间的。"这一观点不仅适用于城市广场，而且同样适用于乡村聚落核心公共空间的认知和营造。笔者研究指出我国传统聚落空间整体性特征的社会学意义、传统村落总体布局的"社会语义"以及传统村落空间布局图底关系的"有村之用"③④⑤，从不同角度揭示了传统村落空间结构所表达场所精神的方式。只有认知和提

图 2-5　改造后的沙滩村太极潭
图片来源：黄岩区提供。

---

① [美]克莱尔.库珀.马库斯,卡罗琳.弗朗西斯.人性场所——城市开放空间设计导则[M].2版.俞孔坚,孙鹏,王志芳译.北京：中国建筑工业出版社,2001.
② 蔡永洁.城市广场[M].南京：东南大学出版社,2006.
③ 杨贵庆.我国传统聚落空间整体性特征及其社会学意义[J].同济大学学报（社会科学版）,2014,25（3）：60-68.
④ 杨贵庆,蔡一凡.传统村落总体布局的自然智慧和社会语义[J].上海城市规划,2016（4），9-16.
⑤ 杨贵庆.有村之用：传统村落空间布局图底关系的哲学思考[J].同济大学学报（社会科学版）,2020（3）

图 2-6　改造后的沙滩村核心公共空间"文化穴位"
图片来源：黄岩区提供。

炼传统村落核心公共空间的人文性和社会性特征，并创造性地运用于村庄规划，才能精准抓住村庄规划的要义。又如，获 Holcim 首届国际可持续建筑大奖赛亚太区金奖项目的"杭州来氏聚落再生设计"，重点"穴位"的启动给予聚落保护和再生以关键作用，具有典型实验价值[①]。

这种认知为当前实际工作所亟需。一些地方的乡村建设正是由于没有点准"文化穴位"，村庄改造之后活不过来、没有元气，最终流于表面，造成人力、物力和财力的浪费；也正是因为对乡村建设的"文化穴位"认知不足，一定程度上导致乡村基层工作人员、设计人员在美丽乡村建设中产生迷茫和失措。

---

① 常青，沈黎，张鹏，等. 杭州来氏聚落再生设计 [J]. 时代建筑，2006（2）：106-109.

2.2.2 "点穴启动"村庄规划的十个要领[①]

"十四五"期间我国实施乡村建设行动、全面推进乡村振兴，村庄规划将发挥关键作用。村庄公共空间营造是村庄规划指导乡村建设并发挥"点穴"作用的重要抓手。以下从理论层面凝练了村庄规划"点穴启动"方法的十个要领，包括：一处尺度适宜的公共场地；体现当地文化内涵或特色主题；周边要有建筑或其他界面；可看到自然环境；与村庄主要步行道路相连且具有多个进出通道；邻近停车场；邻近公共厕所；局部要有覆盖、遮阴，提供座椅休息和避雨功能；采用乡土建筑材料，体现地方性的肌理图案作铺地；合适的夜间照明和辅助设施。

2.2.2.1 "穴位"谋定

首先要精选一处尺度适宜的公共场地。要想让村庄改造更新快出成效并获得村民的认可，最有效的方法是改善村庄的公共环境和公共设施。在初期建设经费有限的情况下，集中力量改善一处公共场地是首选的路径。通过精心选择一处公共场地，把各种要素组织起来，可以起到事半功倍的效果。而且，一旦这一处公共场地改善好了，就可以让村民有切实利益、真切的获得感，从而可以统一各方资源和力量，组织好各方来共同参与乡村振兴事业。

公共场地的尺度要适宜。具体的大小尺寸和形状要根据村庄既有的建成环境和土地使用的性质，须因地制宜，不大拆大建村民的既有住宅，不搞大而无当的城市类型的广场。同时，也要考虑到这一处公共场地是全村的文化精神场所，要具有提供多种活动的可能性，承载城乡要素和功能，满足村民和游客、日常活动和社会团队节假日活动的多种需要，因而尺度不宜过小。由于我国各地的村庄规模大小各异，地形地貌和经济社会文化特征多样，因此无法给出一个标准答案，但是总体原则是，对于规模较大的村，公共场地的尺度不宜小，而对于规模较小的村，公共场地的尺度不宜大。

公共场地的选择，在村庄规划的一开始就要着重考虑。以公共场地为中心，谋划村庄整体开放空间，串联起村庄文化景观的步行系统，为高品质的村庄规划奠定格局。当然，公共场地的选择也可能会涉及少量村民的住宅，在各方条件允许的情况下，少量的拆除安置也是必要的。

2.2.2.2 文化主题

这个公共场地应与当地文化内涵或特色主题相关联。空间是文化的载体，文化是空间的灵魂。公共场地的规划建设必须要与乡土文化特色紧密结合。村庄公共场地要充分体现当地村庄的历史文化内涵，与当地的乡土文化和特色主题相关。如果公共场地没有

[①] 杨贵庆. 村庄规划"点穴启动"的方法探究——以浙江黄岩屿头乡沙滩村为例[J]. 小城镇建设，2022（6）：60-68

乡村文化主题，那么公共场地就缺少了场所精神，就会成为一个空架子。

因此，村庄规划一开始就要深入实地调研、挖掘乡村历史文化内涵，例如乡村的历史故事、著名人物、重要事件，包括红色文化、英雄人物等特色主题。乡村的物质文化遗产和非物质文化遗产都是公共场地的场所精神塑造的重要资源，比如古建筑、古桥、古塔、古树等文物古迹，地方手工艺、地方戏剧、地方传统特色小吃，等等。只有把乡村历史文化特色赋予村庄公共场地的规划建设，才能从根本上奠定村庄物质空间环境的人文性、独特性，才能让村民重新建立起对家园的自豪感，也才能从根本上避免"千村一面"。

要在公共场地规划建设上体现当地文化内涵或特色主题，创造性转化、创新性发展是关键。这就要求村庄规划建设不是单纯把乡土物件在公共场地上进行堆砌，作为摆设，仅仅成为表面的装饰。相反，要在城乡要素双向流动的背景下，既注入新的功能，又具有传统风貌特征。

2.2.2.3 空间限定

这个公共场地的周边要有建筑或其他界面。任何一处公共场地，如果周边没有建筑或其他界面的围合等空间限定，那么场地就缺乏一种包容感，就难以形成围合、向心的积极氛围，也就难以促成公共活动的举办。

对于村庄公共场地来说，周边建筑最好是公共建筑设施类型。以开放性的、乡土文化为主题的公共建筑设施更加利于建筑与场地之间的人群互动，公共建设设施的界面也便于公共场地活动人群的进入。此外，除了公共建筑设施的建筑界面，场地边上树木植被所形成的界面也利于公共场地的空间限定，形成可感知的场所氛围。

因此，村庄规划要把公共场地的选择和周边公共建筑设施的现状、乡土文化特色的功能导入、未来发展的可能性等因素予以综合考虑，才能更加精准地启动"点穴"。

2.2.2.4 景观眺望

这个公共场地周边应有一处可看到自然环境。山水环境是乡村人居的重要景观价值，也是乡村吸引城市要素流动的魅力所在。所谓"绿水青山就是金山银山"，道出了乡村自然环境的价值。因此，把自然环境和村庄规划有机结合，是创建村庄空间环境特色的重要方法，而这一点，将着重体现于村庄公共空间的塑造上。

在布局安排村庄公共场地的时候，场地四周要尽量留出一方视角，以便让人们能够远眺山林等自然环境。这样可以使得在公共场地活动的人群，尤其是城市来的游客，始终可以感知身处乡村大自然环境的美好，从而实现从城市到乡村的要素流动所期待的心理价值和审美价值。因此，村庄规划的重点就是如何把远方的山、林、水、田野等大自然景观"引入"公共场地，有机组织场地的动线，布局户外活动的空间组织和设施安排。

2.2.2.5　出入便捷

这个公共场地应与村庄主要步行道路相连且具有多个进出通道。村庄公共场地的可达性十分重要，它包括可到达的便捷程度和进入场地活动的方便程度。前者是指从村庄外围到达公共场地的距离应在合适的步行范围内，而后者是指公共场地要与村庄的主要步行道路相连接，并且要做到在不同的方位布置至少两个出入通道，以便于公共场地日常使用和组织主题活动。

2.2.2.6　方便泊车

这个公共场地应有就近的停车场。建立在城乡要素双向流动基础上的乡村人居环境复兴，必须要考虑乡村外部要素的流入，满足城市人自驾车和机构组团大巴车的停车需要。对于村庄公共场地来说，需要在 5~10 分钟步行范围内布置适当规模的停车场。"适当规模"是基于因地制宜的原则。停车数量和类型要根据村庄规模、活动功能等因素来综合确定，以日常化的需要为主。停车场的位置选择必须结合村庄既有的空间格局和用地条件，应与村庄规模相匹配。如果公共场地周边无法集中设置一处停车场，也可根据村庄用地条件分散组合设置，可不止一处。

2.2.2.7　配设公厕

这个公共场地在 5 分钟步行范围内要设有公共厕所。由于村庄公共场地是村民重要的日常生活的社会交往空间，同时又承载城市要素流动（例如举办各种活动）和游客参观游览的功能，所以，公共厕所的设置十分必要。根据使用方便的要求，公共厕所应在距离公共场地 5 分钟左右的步行范围内，其建筑面积要满足相应规范的基本要求。同时，它的布局和方位要结合公共场地的总体功能要求，作为公共场地的配角，虽然比较容易找到，但也不应太凸显。公共厕所建筑的风貌应该与公共场地总体设计要求相适应，尽可能体现乡土特色，不宜直接套用标准图集。

2.2.2.8　休闲廊椅

这个公共场地局部要有覆盖、遮阴，提供座椅休息和避雨功能。为了适应各种气候条件，更大程度上满足人群户外活动需求，村庄公共场地应具备避雨、遮阳的功能，同时应提供座椅等设施，方便人们休息，增加交流的几率，促进邻里交往，这样有利于增加公共场地的聚合力。

因此，在具体设计中，要综合考虑公共场地的功能和活动流线，可沿场地周边设置休息路廊，通过路廊来围合、限定公共空间，在功能上可提供遮阳避雨。此外，场地周边的建筑也可以设置檐廊来提供此类功能。应充分注重场地内原有的大树、古树。大树在夏天能够有遮阳功能，古树也更能够提供村庄的历史感，丰富其文化魅力。

应在场地内通过设置座椅驻留行人。建议设置多处木质材料的座椅，因为木质座椅防寒，且具有亲切感。周边的路廊可提供更多的座椅。座椅长度可以多种，满足不同人群交往的需要。

2.2.2.9 乡土风貌

这个公共场地的地面铺装应采用乡土建筑材料，体现地方性的肌理图案。例如老石板、青石板等，可体现有别于城市广场铺装的乡土特点，让人们有一种身临乡村大自然的感觉，感受到乡村风貌特色。

同时，场地铺装的肌理图案应结合地方乡土文化特征，从地方民居建筑样式、室内和传统家具装饰方面找到原型。通过创新转化设计，作为这个村庄的文化地景标识。这些图案可以组合变化，使得场地的设置有地方性和乡土性。

2.2.2.10 照明设施

这个公共场地需要有合适的夜间照明等辅助设施。村庄夜间照明的配置是乡村生活环境进步的标志之一，也是乡村现代化的文明标识之一。夜间照明不仅服务村民，而且也为城市要素向乡村流动做好准备。夜间照明的设置也提供了乡村旅游活动的更多拓展空间，从而增加了村民致富的通道。

村庄公共场地的夜间照明设置，需要同时考虑普通的夜间照明、深夜的基本照明，有条件的地方也可同时考虑节假日的彩灯照明，以突出村庄公共空间的重要性。有些地方要么夜间没有照明而漆黑一片，要么就是铺张浪费的夜景灯光秀，这都是不妥当的。

此外，村庄公共场地的辅助设施也需要综合考虑。例如场地的四周结合步行动线，合理布置多处分类垃圾箱。需要综合考虑设置标志牌、引导牌的位置和风格，广告标语牌的设置也要综合考虑，既要可看到，又不能抢镜。另外，经过公共场地上空的电力等市政设施管线的入地敷设也需要加以规划安排。

2.3 实践案例

2.3.1 沙滩村社戏广场的"点穴启动"

2.3.1.1 社戏广场位置的选择

要使沙滩村这个"空心村"复活的办法是，将它作为集镇的文化功能板块予以有机更新。在老街区块整体规划设计指导下（图2-7），选择在太尉殿大门外的场地规划一处社戏广场，作为"点穴启动"的关键"穴位"，为村民和今后城市要素提供各种公共活动的空间载体。改造前的这个地方有不少违章搭建房屋，并集中了十几户村民的茅厕，垃圾成堆，环境脏乱差问题十分突出（图2-3）。不过，这一处用地不占用基本农田，而且规划建设一处公共厕所之后可以把这些散乱的茅厕占地规整起来，可以很快起到一举多得的效果。

2.3.1.2 太尉殿文化

通过深入调研，规划设计团队发现太尉殿是屿头乡沙滩村独具特色的历史文化资源。太尉殿内部的老戏台已经无法满足越来越多群众的观演需求，每年祭"太祖爷"6

图 2-7 沙滩村老街区块整体规划设计图[4]

图 2-8　沙滩村太尉殿大门前场地建筑和环境现状（改造前）[4]

图 2-9　太尉巷、太尉殿与社戏广场的空间序列关系（正对太尉巷是太尉殿，其左侧是社戏广场）[4]

图 2-10　社戏广场周边建筑界面形成了较好的围合感 [4]

图 2-11　从社戏广场可以远眺山林大自然环境 [4]

天 7 夜上演大戏的时候拥挤的人群也带来安全隐患。乡土社戏需要更大的观演场地。因此，在太尉殿大门外新建一处"社戏广场"的想法就产生了。沙滩村的"点穴启动"公共场地的营造，就是围绕"太尉殿"历史文化资源展开的，同时也满足柔川黄氏一族后人举办祭祖活动之需。

此外，对于平常日子来说，太尉殿活动人群也与社戏广场活动人群形成互动。在中国传统文化场景中，村庙是不收费的，无论是本地村民还是远道而来的人，都可以自由进出乡土信仰场所。因此，在这样的环境里面，游客们可以和当地的老百姓有一些视线上的互动，也可能产生语言上的交流。这样，社戏广场就成为一处囤聚人气的地方（图 2-9—图 2-11）。

具体做法是：结合对散乱的村民茅厕改造而腾挪出来的场地，新建社戏广场。通过连接村口的太尉巷，把太尉殿和社戏广场串联起来形成开放空间序列，使得功能相映、空间转合，从而塑造沙滩村重要的精神文化活动场所（图2-9）。

2.3.1.3 活动场地依托的建筑界面

社戏广场这一村庄公共活动场地所依托的建筑界面，一是本身戏台作为场地的主要界面，二是太尉殿建筑与活动场地之间的休息路廊，场地东侧是一处规划用作茶室和素斋面馆的休闲建筑，共同构成一个围合感较好的活动场地（图2-10），引导并能留住人们在场地内活动。把乡土信仰场所与村庄公共场地相结合进行规划布局可以获得较好的效果。

2.3.1.4 远山自然环境

社戏广场自建成后吸引了各种社会文化活动，例如当地一旅行社组织的小学生乡村研学活动（图2-11）。从戏台向西南方向可看到远山，让场地活动的人群始终可以感受到乡村大自然环境的氛围。

2.3.1.5 社戏广场与柔极街

社戏广场周边具有较好的步行联系通道，其中主要的步行连接是沙滩老街"柔极街"（图2-12），其次是场地东侧的太尉巷。太尉巷口连接西南边的外部道路，曲径通幽之后进入社戏广场则"豁然开朗"。柔极街远处对景是具有标志性的雁荡山余脉括苍山的主峰。

2.3.1.6 停车场设置

社戏广场周边规划布局了3处不同规模

图2-12 社戏广场与沙滩老街的空间关系[4]

图2-13 与社戏广场最近的一处生态化停车场[4]

的停车场地。距离社戏广场最近的一处是可提供50个车位的生态化停车场（图2-13）。此外，旅游大巴的停车也作了总体安排。这为社戏广场举办各种类型的活动提供了停车需要，也为太尉殿乡土信仰场所、乡村日常的生产生活提供了方便。

2.3.1.7 邻近的公共厕所

在社戏广场南侧一角规划建造了一处规模合适、体面实用的公共厕所（图2-14）。其设施配置、卫生环境、夜间照明等，彻底改变

图 2-14 邻近社戏广场的新建公共厕所[4]

了原先简易脏乱的如厕环境，提升了村庄文明水平。厕所的位置考虑，既方便村民日常使用，也为社戏广场举行各类活动提供方便。

2.3.1.8 广场中的古樟树、座椅和路廊

社戏广场选址之初，就把一株有着800多年的古樟树划在规划范围内。清除大树周边茅厕、违章乱搭的房屋、树上乱拉的电线，并增设了围绕大树的座椅。古樟树与戏台相呼应，浑然一体，共同界定了社戏广场的空间边界，形成较好的景观呼应（图2-15）。

古樟树枝繁叶茂，炎热夏天遮阴蔽日降温，为村民和游客提供了一处驻留休息的场所。

2.3.1.9 老石板、鹅卵石等乡土材料的运用

社戏广场采用当地的老石板和溪流中的卵石作为主要材料。过去黄岩西部山区村民建房采用石板作隔墙，老房子破旧倒塌之后这些材料被收集起来可重新利用。与沙滩村毗邻的柔极溪河床有大量大小不一的卵石，可用来作为广场铺地的分割带和图案等材料，总体风貌上具有古朴、乡土的特点。老石板的铺砌采用传统工艺方法，石板下面不用或少用水泥，这样使得雨水可从石板缝隙中流至地面并较快渗入土壤，达到"海绵"效果（图2-16）。

2.3.1.10 夜间照明等辅助设施

社戏广场的照明主要通过对戏台等重要公共建筑的照明布置来实现（图2-17）。线性照明勾勒出主要公共建筑屋顶和墙体等轮廓，既起到了对公共空间场地的照明作用，也凸显了戏台的主体性。

图 2-15 围绕古樟树的座椅为人们提供了驻留休息的场所[4]

图 2-16 社戏广场铺地主要采用老石板、溪坑卵石等当地材料[4]

图 2-17　社戏广场的夜景照明突出了重要的活动场所
图片来源：黄岩区人民政府办公室提供。

2.3.2　乌岩头村"点穴启动"案例

根据"活态再生"的新理念，以及"文化定桩、功能注入"的创新工作方法，同济规划设计团队选定了相应的建设项目开始实施"点穴启动"。以下将分别结合具体项目阐述相应的理念。列举项目的位置参见图 1-19 中各编号所示。

2.3.2.1　公厕

规划新建一处公共厕所，方便居民和游客使用，是"点穴启动"的第一行动（图 2-11）。公共厕所的选址位于邻近老村的入口，同时与主要道路保持一段距离。在功能上与其西侧规划的停车场及北侧入口小广场的客流集散功能相结合。新建公共厕所在形式上吸取了地方传统建筑的要素：屋顶整体沿用坡屋顶的意象，但以不等坡的屋顶在屋脊错开，便于良好的通风照明。建筑整体以水泥原色素色调为主，与周围环境相协调。同时利用场地高差改造为无障碍通行道，并设有绿化带作为无障碍通道与车行道之间的分隔。公厕周围不仅保留了原有竹林自然环境氛围，还营造了宁静悠远的景观特色氛围，成为文化礼堂村民中心、村口小卖部、停车场和公厕之间的活动场地。

（a）改造前（2012年）　　　（b）改造中（2015年）　　　（c）改造后（2017年）

图 2-18　村庄公共厕所建造过程[3]

图 2-19　改造后村口公共厕所的环境

2.3.2.2　村口柴火房改造为"小卖部"

村口柴火房紧邻主要进村道路一侧，其所处的位置对于整体村落来说十分重要（图 2-20）。将其作为"点穴启动"项目，不仅是景观改善的需要，也是为村民和游客提供日常生活小商品等商业服务的需要，而且还

（a）改造前（2012年）　　　　　　　　　　（b）改造后（2017年）

图 2-20　村口柴火房改造为小卖部的前后对比 [3]

是给村民带来改造信心的需要。柴火房规模不大，改造的资金不需要很多，但是改造之后带来的效益是成倍放大的。改造过程中保留了两侧的老式砖墙，并适当提升建筑空间高度，使得两侧的高窗给室内良好采光，并采用当地传统木质店面样式。小卖部建成之后，售卖当地特色小吃，节假日生意十分火爆。在空间关系上，小卖部成为村口重要节点，它与邻近的村民文化礼堂活动室、公共厕所、停车场等成为一个组合，既满足了基本功能需要，又为后续的村落整体改造工作奠定了良好的基础。

2.3.2.3　荒废住宅改造为"乌凤阁"村民活动场所

作为"点穴启动"重要的项目之一，是快速形成一处村落公共活动场所，不仅为村民日常活动、游客休息提供开放的场地，而且为组织传统文化节日活动和开展旅游项目搭建平台。图 2-21 是位于村落中心的破旧民宅改造成为村民活动场所的案例。原有的破旧危房在拆除之后，原地按照新的功能建造了一处两层亭阁，将实体的建筑改造成开放的敞廊，这种模糊室内外边界的做法既能够提高广场的可利用性和开放性，也让一些室内活动得以向室外延伸。这一建筑被题名为"乌凤阁"，源自乌岩头村之"乌"，同时寓意"山里飞出凤凰"。建筑周边保留原丘陵地形的自然高差和场地中原有的乡土植被，形成对场所的自然分割，增添东西两侧石阶以解决高差隔断，引导连续的流线。这一位置正好又对应北侧的"民俗博物馆"，形成传统村落文化内涵的空间呼应。

(a) 改造前（2012年）

(b) 改造后（2017年）

图 2-21 中心广场废弃居住建筑改造前后对比[3]

村民活动广场是构建新型村落社会关系的重要物质载体。构成要素如石铺地、石墙、木构甚至原有树木等具有代表性的村落元素，在改造过程中被整合到新的场地内以传承特色乡土风貌。从原本家族间的交往到当代人使用，社会关系在变，但依托的场所是一致的，这成为"乡愁"的依托。乌凤阁村民活动场所建成之后，还吸引了一批社会机构进行传统村落的创意策划活动，例如组织"相亲会"，年轻人穿着"汉服"举行相亲活动，给传统村落的活态再生带来了新的内涵（图 2-22）。

(a) 2012年改造前

(b) 改造后

(c) 改造后举行的文创活动

图 2-22 中心广场改造前后对比[3]

（a）乌凤阁广场

（b）中心广场一侧

（c）中心广场鸟瞰

图 2-23　乌岩古村中心广场改造后的景观

图片来源：宁溪镇人民政府办公室提供。

第3章 工作法之三：柔性规划

按　语　本章将讨论如何开展乡村规划的实施。乡村规划建设与城市规划建设不同，其中根本的原因是土地所有制不同。城市的土地是国有，而乡村土地是集体所有制。即便是规划前期的调研很深入，也总会碰到每家每户土地征用意见不合的矛盾。加上一些村民在认识水平上的偏差，并不是所有的村民都会同意村庄改造建设的方案。有的村民一开始同意了，过后又会反悔。这些矛盾和问题对于一开始确定的规划设计方案来说，在实施过程中就会碰到难以照样实施的挑战。因此，乡村的规划和建设在很多情况下不是"刚性"的，而是"柔性"的。乡村建设必须采取循序渐进的方式，通过渐进式、互动式和参与式的方法，把村民、村干部、乡镇干部、施工人员、主管部门等各方利益主体的意见和力量综合起来，求同存异，确定共识，这样才能把工作向前推进。乡村规划不单是规划设计人员在做，而是各方利益群体一起在做，是一种公共参与的过程。

3.1 柔性规划工作法要点

3.2 乡村建设循序渐进
3.2.1 渐进式、互动式、参与式的"三式规划"
3.2.2 乡村建设的"陪伴式规划"

3.3 实践案例
3.3.1 创建黄岩首个"在地规划工作室"
3.3.2 "在地规划工作室"的推广实践

3.1 柔性规划工作法要点

"柔性规划"是相对于"刚性规划"而提出的。作为一种类似过程性的规划，它不是提供一个终极蓝图式的规划设计方案，而是先提出一个大致的规划设想和初步设计方案，广泛征求各相关利益者意见，并邀请各方一起来参与实施。这一方法是根据农村集体土地产权性质的特点而提出的。由于村民对其住宅和家门口前后的用地使用具有决定权，村庄改造和建设项目，特别是公共场地的重新安排，必然会涉及村民自身的利益。当村民提出不同意见的时候，原先的初步方案可以作局部修改，但这样的局部修改不至于影响整体发展格局。

"柔性规划"的主要思路是：采用渐进式、互动式、参与式"三式规划"方法，先小范围、小规模地启动，建成一处示范性的改造样本，以此作为村庄改造的前方阵地。这种兼具村庄建设前方指挥部性质的改造项目，同济大学黄岩乡村振兴团队一般称之为"工作室"。这是一种多功能"在地规划工作室"，既完成一个改造样本，让村民和乡村干部可看到，提振各方面的建设信心，又使得下一步的工作具备现场工作的场所。当然，这样的"工作室"本身还具有未来转化使用功能的"潜伏设计"。总之，"柔性规划"是在前进中调整，调整中前进。

柔性规划法包括以下4个工作要点（图3-1）：

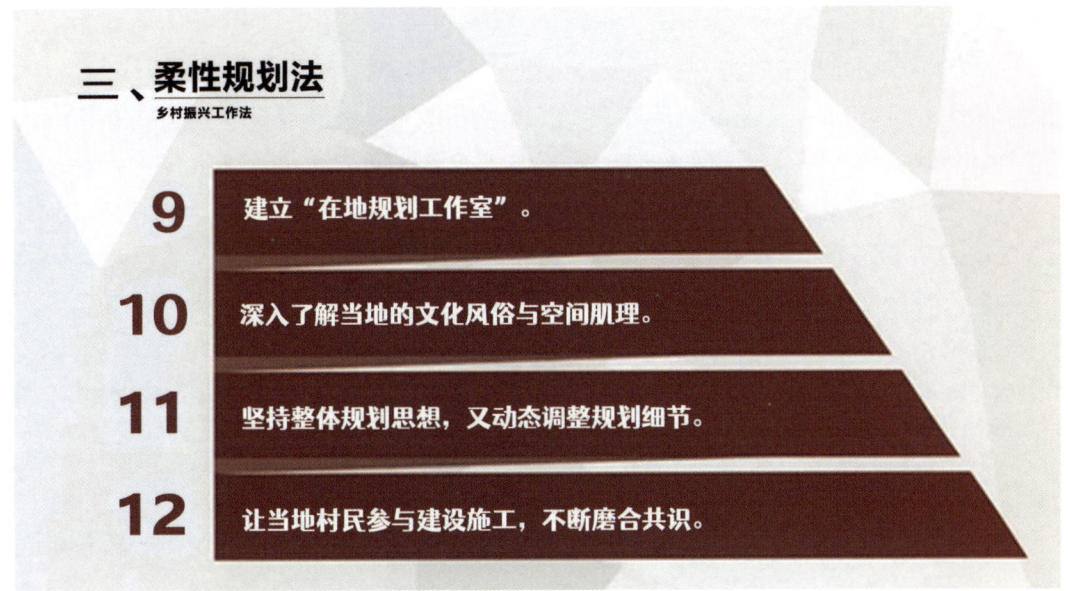

图3-1 柔性规划法的4个工作要点[1]（制图：梁晨）

（1）建立"在地规划工作室"。

（2）深入了解当地的文化风俗与空间肌理。

（3）坚持整体规划思想，又动态调整规划细节。

（4）让当地村民参与建设施工，不断磨合共识。

专栏3-1　"乡村的规划与建设必须是柔性的"

杨贵庆团队到来之前，宁溪镇曾聘请一家规划机构对乌岩头村进行过整体规划，但是难以按照规划图纸进行实践。宁溪镇党委书记胡鸥说："村民是房屋的主人，他们对山水、功能、环境有自己的理解，一张规划图覆盖不了他们的不同认识和要求。"

杨贵庆认为，乡村土地房屋产权关系复杂，文化要素深厚，价值观念多元，这些特征往往深藏于民间，简单的调研难以发现。因此，由规划师单方面给出的硬性规划在实施过程中经常会遇到各种阻碍，如果强硬实施就显得粗暴，反而可能给乡村带来破坏性影响。

乡村的规划与建设必须是柔性的，不能仅从工程合理性或景观美学出发，更需要从梳理乡村产业经济、社会文化和空间肌理入手，渐进式、互动式、参与式地推进规划和建设，有时候要边建设边商量、边调整边完善，必要时还要与村民达成妥协。

杨贵庆把团队拉到乌岩头村，组成"在地规划工作室"，动态了解90户人家的不同想法和诉求，注重房屋功能和质量的适应性改造，注重乡村历史演进的动态性和多样性，并高度重视就地取材，一方面努力再现乡土景观、古树植被、碎石铺地、小径竹院、梯田茶园等传统乡村风貌，另一方面注重村庄内在的造血机能、活力再生。

乌岩头村修复的头两年，也是规划不断深化、生动化的两年，最终形成乌岩头村独特的文化内涵、业态功能与村落风貌。

乡村根深蒂固的思想与风俗常常是不可忽视的力量，在城市建设中不会发生的决策与民众思想冲突，在乡村却时常发生。柔性规划则能形成共识机制。

在沙滩村改造中，一位家住在戏台旁边的村民强烈反对改变戏台朝向，他认为，"戏台之所以朝北建造是因为这样'太祖爷'可以直接看到戏台的表演，一旦朝向改变，'太祖爷'将不再保佑他们家"。

> 杨贵庆顺应和积极引导村民这种朴素的"风水思想",与乡村干部、乡贤合作,既坚持整体规划思想,又动态调整规划细节,与村民达成了共识。
>
> (引自:"黄岩报告:乡村振兴工作法",作者:瞭望智库研究员 吴亮 王先知 里雨曦。《财经国家周刊》,2018年第7期,27)

3.2 乡村建设的循序渐进

3.2.1 渐进式、互动式、参与式的"三式规划"

3.2.1.1 "渐进式"规划

所谓"渐进式"规划,就是要以乡村远期发展目标为遵循,以当前和近期实际能力、财力为依据,量力而行,分期实施,把近期建设和远期目标相结合,一步步不断推进项目实施,从而最终达到规划目标。"渐进式"规划,需要规划师统筹近远结合、新旧结合、局部和整体相结合,通过以点串线、以线织网,久久为功。

"渐进式"规划是当前我国乡村振兴战略目标和国情实际的必然要求。这是因为:

第一,国家实施乡村振兴战略总体安排是渐进的。党的十九大报告指出,我国乡村振兴战略的实施将分三步走:到2020年,乡村振兴取得重要进展,制度框架和政策体系基本形成;到2035年,乡村振兴取得决定性进展,农业农村现代化基本实现;到2050年,乡村全面振兴,农业强、农村美、农民富全面实现。因此,实施乡村振兴战略是一个长期的任务,需要坚持不懈努力。这一总体分阶段步骤的顶层设计,对于地方来说也具有指导意义。这要求地方各级领导干部需要树立"功成不必在我、功成必定有我"的信念。

第二,每年投入乡村振兴建设项目的财力是有限的。尽管我国从中央到地方各级政府每年对实施乡村振兴战略投入了巨大资金,"真金白银"投入乡村建设,但是相对全国各地区实际需求和乡村振兴宏大目标与建设任务来说,每年的总量毕竟还是有限的。因此,乡村建设的安排必须根据轻重缓急、分步实施。只有通过"渐进式"规划,统筹有限的建设资金,以乡村建设行动为指南,才能夯实乡村可持续发展能力,才能渐入佳境。

第三,乡镇基层干部和村民对于乡村振兴战略的认识是渐进提升的。由于种种原因,一方面,对于乡村振兴战略实施和乡村建设行动的开展,乡镇基层干部一开始还不具备充分的理论认知和方法掌握,理论素养和科

图 3-2　黄岩区委领导到乡村一线看望同济团队师生并推进老村改造工作（2015 年 8 月）

图片来源：黄岩区宁溪镇人民政府办公室提供。

图 3-3　黄岩区委领导带领有关乡镇干部与同济团队师生实地考察调研（2015 年 11 月）

图片来源：黄岩区宁溪镇人民政府办公室提供。

学方法还需要不断培训、提升；另一方面，村民对于集体利益和共有家园的认识水平还有待提升。特别是对于经济欠发达地区的乡村，要让村民充分认识到乡村振兴的整体利益和长远利益，还需要经过相当长的一段时间。因此，只有通过"渐进式"规划，让乡镇基层和村民看到做成的效果，才能"眼见为实"地产生信任和拥护，才能实践更大的规划作为。

"渐进式"规划的实施，需要通过在地化的沟通交流。规划团队经常向地方领导干部汇报交流，畅通各级工作的困难和需求。在黄岩乡村振兴实践中，得益于同济大学和黄岩区校地合作机制，区委区政府对同济大学美丽乡村团队高度信任和大力支持，使得"渐进式"规划得以实施（图 3-2，图 3-3）。

3.2.1.2　"互动式"规划

所谓"互动式"规划，就是规划团队在编制和实施规划过程中，遇到新的困难和阻碍而难以克服的情况下，既不能影响大局（即项目实施目标），又需要及时对原先图纸上的规划设计方案做出必要的调整和修改，在征求意见达成一致后继续实施完成项目的过程。

"互动式"规划和以往的规划不一样。以往的规划是"不折不扣"把规划设计图纸贯彻到底，而"互动式"规划需要不断更改调整规划方案设计而趋向最终实施。这个过程是在不断遇到各种复杂因素的情况下采用的方法。乡村的历史、文化、社会、环境因素十分复杂，一些情况并不会在前期调研中考虑得十分周到，而在实施过程中暴露出来，需要及时做出应对。比如，在做规划方案的时候，村民一开始答应公用通道可以从其私属的用地上通过，但是在实施的过程中反悔了，不让通过。又如，在实施过程中遇到之前并不了解的地下无名氏坟墓;甚至有的时候为了尊重场地上原有的树木,但周边环境杂乱无章,规划意图把环境设计小品结合树木来设计,但是在实施过程中,突然就有村民"冒"出来说这棵树是他家的,不让在周边施工,或者提出要有偿使用、高价收购才行。如果不满足条件的话,村民可能会将这棵树砍伐。当遇到这种情况,环境设计就需要重新考虑,或改变原来的方案以避开树木。

当然,在实施过程中,规划师也会学习到之前知识结构中所没有的内容。比如个别村民反对在邻近自家门口的地方种竹子,说是竹子招惹蚊子;也有一些忌讳的说法,比如个别村民不让种香樟树,原因是香樟木会令人产生与棺木材料的联想,等等。在一些村庄施工过程中,还出现前一天种下的树木,第二天就会被拔掉的情况。遇到这样的情况,规划师就会询问相关的村民他们喜欢什么树木,在他们喜欢的树木类型中选择一种与环境设计意图相一致的树种,这样既符合环境设计创意,又让邻近的村民满意。

"互动式"规划要求规划团队在地式、陪伴式进行规划设计,与地方乡、镇、街道办事处干部、建设部门和村委会等建立建设者"同盟",充分尊重、协调各方面的诉求,在互相商量、动态调整中确定实施方案。其中,规划团队是"同盟"的核心,必须牢记规划大局,按照上述"渐进式"规划原则和方法,在动态运行中实施好乡村振兴建设目标(图3-4—图3-7)。

3.2.1.3 "参与式"规划

顾名思义,"参与式"规划,就是相关利益者共同参与规划编制的过程。"参与式"规划与上述"互动式"有所不同。"互动式"规划是强调在具体方案确定过程中,相关各方意见和建议的交流与补充,而"参与式"规划是强调建立相关利益各方参与决策的机制,是一种规划的制度安排。规划的编制应

图3-4 黄岩区屿头乡党委政府领导与同济团队现场考察四季采摘园(2015年7月)
图片来源:杨贵庆教授团队提供。

图3-5 同济团队与黄岩区屿头乡党委政府领导和建设单位讨论建设项目(2022年2月)
图片来源:杨贵庆教授团队提供。

图 3-6 黄岩区高桥街道党工委与同济团队讨论瓦瓷窑村规划项目实施（2020 年 8 月）

图片来源：杨贵庆教授团队提供。

图 3-7 杨贵庆教授团队与黄岩区头陀镇党政领导等讨论老村改造（2018 年 10 月）

图片来源：杨贵庆教授团队提供。

图 3-8 头陀老街保护利用工作座谈会广泛征求乡贤意见（2018 年 3 月）

图片来源：黄岩区头陀镇人民政府办公室提供。

在制度上确定"政府组织、专家领衔、部门合作、公众参与、科学决策"。在规划编制的开始、方案的确定、方案的审批等重要节点，都应该安排"公众参与"这一环节，让更多的意见和建议被吸纳到规划方案中。

同济大学黄岩美丽乡村规划团队的工作方式，是当开展新的乡村规划项目时，都会召开由当地村民代表和乡贤等参与的座谈会，并分发、收集和统计《村民意愿调查表》。

在方案初步成果编制后，中间阶段安排方案汇报会，向当地村民代表介绍方案的构思理念和空间布局安排，进一步听取乡镇街道和村民代表的意见。例如，黄岩区头陀镇头陀村历史文化（传统）村落保护和利用规划的编制，一开始就召开了"头陀老街保护利用工作座谈会"，专门邀请了村民代表和乡贤参加（图3-8）。

专栏3-2　老街复兴：头陀镇召开头陀老街保护利用座谈会

一条老街、一座城，老街、老屋、老人，承载了城市最厚重的记忆。3月20日，头陀镇召开头陀老街保护利用工作座谈会，就如何推进头陀老街保护利用建言献策，共谋头陀发展新蓝图。乡贤（原人大常委会副主任）吴继业，同济大学建筑与城市规划学院杨贵庆教授及其团队，区农办、区住建局、区旅发委、区国土局、区规划局、区水利局、区文广新局、区旅游局等相关部门负责人，头陀居两委，头陀乡贤代表等参加座谈会。会议由镇党委书记李友斌主持。

镇长黄革军详细介绍了头陀老街保护利用申报情况。头陀老街的历史可追溯到北宋，这里的头陀桥市场是黄岩西部较大的集镇，汇聚临海、仙居、永嘉、乐清4县物资。街分中街、下街头、大樟街、老街桥、滨江路等，中街是商业中心。自20世纪80年代后，集市逐渐西移，老街渐渐冷清，但是建筑群的保存相对较完整。现有旧式房屋500余间，树龄300多年的古樟树挺立参天，90年代重建的善庆寺依山势而建，香火兴盛，古村落历史悠久，文化底蕴深厚。

同济大学杨帆副教授介绍了团队在头陀老街保护利用中的设计理念，头陀老街作为历史风貌街区，在更新改造过程中，保留老街空间结构和特色，以现状整理为前提，去繁从简，恰当处理遗存建筑与新建建筑的关系，塑造新旧协调共存、相映生辉的特色街区。

思维碰撞开始啦，区级有关各部门负责人立足各自单位的工作职能，从挖掘、恢复、保护、传承等方面出发，建议头陀老街的规划要结合整个黄岩乡村旅游打造。

> 要科学合理地做好老街的修缮和保护方案，尽量恢复历史原貌，特别是对历史古迹较为集中区域，可选择几处重点古迹进行修复，然后再逐步展开，形成以点带面、以线促面的发展局面；可将头陀当地特色的传统工艺、特产等引进来，使其在保护中得以传承和发展；在保护老街的同时大力发展第三产业，引入资金实力强、文化底蕴深的企业，开创头陀老街及头陀全域旅游的新增长点。乡贤代表们结合自己的优势和特长，畅谈头陀老街的历史典故，流露出对头陀老街的关心和深切感情。
>
> 希望对头陀老街进行全面保护，防止因年久失修、村民拆毁建房、房屋拆迁改造等原因，毁掉老街，使老街成为历史长河中的一段记忆，造成永久遗憾；希望头陀老街在原有的优势上进行改造，尽可能恢复街面原貌，设立一些店铺，使老街再次焕发活力；并纷纷表示愿意为头陀老街的保护利用提供各方面的支持和帮助。
>
> （引自：台州市黄岩区头陀镇溪头村 zjwclw.cn，2019年8月15日）

3.2.2 乡村建设的"陪伴式规划"[①]

顾名思义，"陪伴式规划"是指在实施村庄规划过程中，由规划师与村民、乡镇干部及施工人员等组成一个乡建同盟，提供全程指导。它要求规划师经常到村里，实地了解并及时纠正规划实施过程中的偏差。这一方式需要利益各方共同参与、互动交流，以达到实施好规划的目的。

"陪伴式规划"，具体方式有三。其一是规划师在项目实施过程中持续到现场跟踪。10年来，除了疫情防控等特殊情况之外，我们一般每2~3周到村里一次，及时发现问题并予以指导。其二是采用"路演"方式。

每次到现场，我们与乡镇领导、村干部、施工队长、地方设计人员一起，边实地察看、边肯定或提意见，回答问题并提供解决方案。其三是建立单个项目微信群。从区领导、乡镇干部到村干部，加上施工队和设计人员等都在群里。通过微信群互动，我们针对上传的现场照片及时解答问题。

从2013年开始，我所在团队深入台州市黄岩区开展美丽乡村规划建设实践。10年来，通过陪伴式规划，深入村庄一线，指导乡村建设，取得了一定成效。比如，经过规划建设，屿头乡沙滩村成为"中国村庄发展的浙江样本"之一；昔日"空心村"宁溪

[①] 杨贵庆.乡村建设，多点"陪伴式规划"[N].浙江日报"思享者"专栏，2021-11-10（7）

镇乌岩头村被列为全国美丽乡村"千万工程"七个典型案例之一。

乡村建设过程中经常会碰到一些挑战。比如，一些地方没有领会村庄规划和建设的要点，以至于"好心办坏事"，客观上造成了"破坏性建设"或"建设性破坏"的尴尬。究其原因，乡村规划中太理论化的东西，乡镇干部和村民听不太懂、不易理解接受。这提示我们，在新一轮美丽乡村建设中，需要注重通过"陪伴式规划"推动规划要点落地实施。

在"陪伴式规划"的过程中，需要把规划理论、学术名词通过浅显的话语让施工人员、村干部和村民能够听懂。比如，对传统村落建筑"风貌"一词，村民不理解。村民希望拆旧建新，认为老房子没有价值。但是我说，低矮破旧的老房子连在一起，就像打牌时抓到手的一副"同花顺"，数字虽小但堪比"王炸"，如果拆了其中一个就成了一把废牌。把"风貌"比喻为"同花顺"，村民一下子就理解了。

又如，乡镇干部对待传统村落改造工作要有耐心。这就像是"搓麻将"，要根据抓到手的牌的总体条件，谋划做牌，"打"出去废牌，"吃"进来需要的，才能做出大牌。传统村落改造要拿出做"麻将大牌"的耐心和信心，不可大拆大建、急于求成。学会用大白话能讲清高深的规划理论，就是从"陪伴式规划"的实践中摸索到的。

专栏 3-3　来了规划师，"画"出乡村新模样

在浙江省台州市黄岩区屿头乡，有一个沙滩村。沙滩村没有沙滩，有的是石板路、古樟树、老戏台……古韵悠然的街巷，绿水青山的环境，令人流连忘返。前些年，沙滩村因异地重建新村，原有的老街、老屋逐渐破败，成为萧条的"空心村"。如何让古村落重焕生机？2013年，黄岩区邀请专业规划师团队，对沙滩村进行重新规划、建设。如今，沙滩村已变成风景美、人气旺的"网红村"。

近年来，越来越多乡村规划师参与村庄分类、村庄布局、空间利用等规划的编制和实施，提升了乡村规划水平，扮靓了乡村。中国城市规划学会秘书长石楠接受本报采访时表示，作为政府派驻至各乡镇的规划技术人员，乡村规划师从专业角度为乡镇政府开展规划编制、建设项目把关，为规划实施监督提供意见和建议，是乡村治理现代化的基础人才队伍。

在浙江省台州市黄岩沙滩村，帮助乡村规划发展的是一位"布袋教授"——同济大学建筑与城市规划学院杨贵庆教授。这些年来，每隔两周，他都要到黄岩待上几天，参与了沙滩村蝶变的全过程。杨贵庆总是背着一个布袋，里面装着水笔、图纸、尺子等工具，方便他随时画图。村民们人人认得这位"布袋教授"。跟着杨教授在村子里转，就是最鲜活的乡村规划教学现场。"这里以后要建成天井，可以坐着喝喝茶""这个台阶太突兀了，一定要抹平""这个木雕太美了，千万要保留"……杨贵庆常常是边走边说边比划，大到整个村庄的发展与外部连接，小到一条人行道上地砖的铺设，他都要关注。

在杨贵庆看来，美丽乡村建设不是简单地推倒重建、拆旧建新，古村落、古建筑承载着乡愁，是宝藏，必须修旧如故、去芜存菁，通过功能注入，开展有机更新。在他的指导、规划下，社戏广场成了文化休闲场所，兽医站"变身"成乡村物流中心，柴火房改造为图书角和休闲吧，旧粮站打造成精品民宿……沙滩村入选浙江省美丽乡村建设"样板村"，游客纷至沓来，年轻一辈也纷纷回乡创业。

"陪伴式规划是村庄规划在实施过程中，由规划师与村民、乡镇干部及施工队员等各方组成一个乡建同盟，提供全程指导。"杨贵庆说，同济大学团队采用的就是陪伴式规划。在项目实施过程中，规划师持续到现场跟踪，与乡镇领导、村干部、施工队长、地方设计院人员一起，边看、边肯定或提出意见，及时发现实施过程中的问题并提供解决方案。此外，相关人员还会建立项目微信群，看了现场照片，规划师也能在线上及时解答问题。

（引自：2022年10月11日，《人民日报海外版》，第5版，记者：叶子）

3.3 实践案例

3.3.1 创建黄岩首个"在地规划工作室"

黄岩区屿头乡设立"同济大学黄岩区美丽乡村规划教学实践基地"，2013年年初挂牌成立，开展在地化规划指导工作。期间，从"1.0工作室"到"2.0工作室"再到"3.0工作室"，不断推进在地化规划设计和建设

图 3-9 同济大学首个美丽乡村规划教学实践基地在屿头乡成立（2013 年 1 月）

图片来源：黄岩区农业农村办公室提供。

图 3-10 同济团队在屿头乡利用改造后的闲置房屋创建首个"在地化工作室"（2014 年 3 月）

图片来源：杨贵庆教授团队提供。

图 3-11 中德师生在黄岩区屿头乡沙滩村工作室交流（2014 年 11 月）

图片来源：杨贵庆教授团队提供。

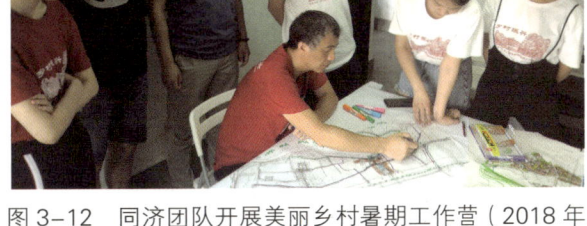

图 3-12 同济团队开展美丽乡村暑期工作营（2018 年 8 月）

图片来源：杨贵庆教授团队提供。

指导工作向纵深推进（图 3-9—图 3-12）。

专栏 3-4 屿头·动态 | 同济助力灾后重建——2019 暑期工作营正式开营

炎热 8 月暑假之际，同济大学建筑与城市规划学院杨贵庆教授带着他的博士、硕士研究生团队来屿头开展暑期工作：同济助力灾后重建——2019 暑期工作营正式开营。

8 月，杨贵庆教授和他的团队又一次如约而至，浙江台州黄岩规划实践工作营于 8 月 14 日正式开营。据了解，浙江台州黄岩规划实践工作营成立于 2013 年，此后每年的暑假，他们都会到屿头乡来开展暑期工作，今年已是合作的第七个年头了。

今年暑假，他们还带着一份特殊的任务——指导屿头乡受超强台风引发的灾害之后的重建工作。

在得知黄岩受灾后，同济大学团队第一时间到达黄岩，以规划专业优势，科学指导黄岩灾后重建。

在之前屿头乡的乡村振兴发展中，在美丽城镇建设过程中，他们用自己所学的专业知识、见解和超前的发展眼光，提出了许多可行性的建议，这些建议让屿头乡乡容乡貌有了很大的变化。

（引自：2019 年 8 月 15 日，"美丽屿头"公众号。编入时有节选）

3.3.2 "在地规划工作室"的推广实践

随着同济大学美丽乡村规划教学团队逐步拓展有关乡镇村庄规划建设项目，在完成首个屿头乡美丽乡村在地规划工作室基础上，陆续设立了黄岩区宁溪镇、头陀镇、南城街道、高桥街道和北洋镇等在地规划工作室，在地化开展乡村规划建设的实践工作。

专栏3-5 宁溪动态 | 乌岩头灾后重建获浙江卫视头条点赞！

台风过境打破了宁溪镇乌岩头古村落的平静，灾后的乌岩头村外景面目全非。由于山洪暴发，古朴的村道变成了乱石堆，原先蜿蜒起伏的溪流已经不见了踪影。

为加快古村落灾后重建，当地第一时间联系了同济大学专家团队。

8月，同济大学建筑与城市规划学院杨贵庆教授和他的博士、硕士研究生团队如约而至，浙江台州黄岩规划实践工作营于8月14日正式开营。8月15日，乌岩头古村落灾后救援暑期工作营正式开班，副区长董阿林参与此次开班活动。

同济大学建筑与城市规划学院教授杨贵庆表示，我们的常规选题就来自同济黄岩乡村振兴暑期工作营，这一次，我们在这个名称前面加上了灾后援建，通过规划专业的技术，来支持援建黄岩乡村。

据了解，乌岩头村灾后修复的一个关键是提升景观溪流的泄洪防护能力，在美丽乡村建设过程当中，为保持溪流的原生态，当地注重于美观和村庄的协调，使用的材料都是就地取材，经过实地勘察，专家们建议加固堤防，提升防洪与安全保障能力。

本次重建修复工作将在注重美观和村庄协调的同时，从地质灾害和山洪沟的治理入手，在工程合理性和传统风貌保护利用以及功能再生协调上下功夫，进一

步提升古村落未来的防洪抗灾能力。

走进村内，虽然满目疮痍，却是一片火热施工场景，学员们在杨贵庆教授的带领下，现场开课。学员们针对古民居防雨、旧宅排水、石墙加固等问题，一一和村民协商解决。

专家们加班加点地修缮古建筑，他们耐心细致，提出了一个个科学合理的设计方案，获得了村民们的认可。

发挥高校资源，助力乡村振兴，期待古村落早日重焕新机。

（引自：2019年8月17日，"宁溪先锋"公众号。编入时有节选）

专栏3-6　灾后援建 携手同心——同济黄岩2019乡村振兴暑期工作营南城开营

台风"利奇马"已离开南城，但救援和灾后重建工作正如火如荼进行中。8月16日，南城迎来了同济大学乡村振兴暑期营驻扎指导。在南城街道贡橘园乡村振兴工作室2楼，"灾后援建——同济黄岩2019乡村振兴暑期南城工作营"正式开营。

街道党工委书记陈虹，党工委副书记、办事处主任汪雄俊，党工委副书记程莹镭及相关工作组成员，蔡家洋、民建村村两委主要负责人，同济大学乡村振兴团队等参加仪式。仪式由同济大学杨贵庆教授主持。

仪式上，街道党工委书记陈虹首先对同济大学乡村振兴团队表示热烈欢迎，高度肯定了杨教授团队对黄岩"贡橘园"田园综合体示范项目建设的指导，并表示下阶段将着重推进贡橘园北扩和委羽山文化廊道建设工作。

随后，同济大学杨贵庆教授表示将继续深化打造以"一心、二环、五区"为整体布局的黄岩贡橘园，进行创造性转换，创新性发展，高质量地谱写好田园综合体实施乡村振兴的道路，并从三个方面进行介绍：①感谢、感恩；②创新、创造；③锚定村庄，立足南城，面向黄岩。

开营仪式后，举行蔡家洋美丽乡村规划评审会，并邀请了黄岩自然资源和规划分局、区农业农村局、区住建局、黄岩城乡规划设计院等相关区级职能部门领导参加评审。会议由街道党工委副书记、办事处主任汪雄俊主持。

听取浙江省黄岩区南城街道蔡家洋村美丽乡村规划后，与会区领导分别从加强与相关规划衔接、预留建设发展空间、产业规划完善内容、重要节点优化设计、细化建设整治内容等方面提出了建设性意见和指导性建议，为接下来进一步深化美丽乡村规划把准方向、提供参考。

最后，街道党工委书记陈虹进行小结，对规划方案予以肯定，并表示蔡家洋村是田园综合体示范项目的第一站，希望从公共服务设施、农业配套设施等方面，做到应设尽设，发挥蔡家洋村辐射带动作用，推进南城乡村振兴工作。

（引自：2019年8月17日，黄岩南城街道公众号）

专栏3-7　"十四五"美丽乡村建设 同济·黄岩校地合作高桥街道调研会顺利召开

"烟花"过后，风停雨歇，黄岩的山水也愈发秀丽，同济大学杨贵庆教授带着博士、硕士研究生团队再一次来到瓦瓷窑村。

7月27日上午，"十四五"美丽乡村建设同济·黄岩校地合作高桥街道调研会在瓦瓷窑村召开。街道党工委书记章建荣，街道党工委副书记、办事处主任毕建勇，区农业农村局副书记、副局长杨康，街道部分班子成员，同济大学乡村振兴团队，瓦瓷窑村村两委成员等参加。

章建荣首先对同济大学乡村振兴团队表示热烈欢迎，非常感谢杨贵庆教授团队对高桥街道瓦瓷窑村美丽乡村建设倾力倾情的专业指导。希望同济大学团队在高桥的调研中，进一步感受高桥的特色与魅力，深入宣传推介高桥优美的自然环境和深厚的文化底蕴；进一步发现高桥的发展与变化，以瓦瓷窑乡村振兴集聚提升示范工程为纽带，在持续深入实施乡村振兴战略中更多呈现高桥元素；进一步深化校地合作，为高桥发展多提宝贵意见，发挥好瓦瓷窑村列入浙江省绿色转化专项激励资金支持的优势，项目化推进，共同推动乡村振兴、共同富裕。

杨康介绍，黄岩与同济大学在美丽乡村建设方面合作多年，以"中华橘源·山水黄岩"为主题，结出了丰硕成果。按照"十四五"期间黄岩区美丽乡村建设规划，高桥街道的瓦瓷窑村是南部精品线的重要节点，是市、区美丽乡村精品村重点培育对象。

杨贵庆教授表示将继续深入挖掘瓦瓷窑村特色优势，围绕"一心一轴一带"的空间布局，实施美丽乡村建设，推动瓦瓷窑村实现产业、人才、文化、生态、组织"五位一体"的全面振兴，并从三个方面进行介绍：一是"瓷慈"文化；二是共聚资源；三是创新模式。

社戏广场的舞台已然搭建，文化长廊伴着樱花大道开始烂漫，瓷慈文化在这片土地上传承弘扬，校地合作深入开展，期待明天的瓦瓷窑更加美好。

（引自：2021年7月27日，"黄岩高桥"公众号）

专栏3-8　校地合作 点亮北洋——同济乡村振兴规划团队暑期工作营在北洋调研

7月28日上午，同济大学杨贵庆教授带队的课题组在北洋镇潮济村"同济大学乡村振兴工作室"开展同济·黄岩暑期工作营实地调研活动。区农业农村局副书记、副局长杨康应邀参加。

现场举行了开营仪式。镇党委书记卢明宇致辞，并对同济·黄岩暑期工作营来到北洋镇调研表示热烈欢迎，同时感谢杨贵庆教授团队对北洋镇乡村振兴工作的关心和支持。

卢明宇说："近年来,在杨教授团队的指导下,北洋镇先后投资了3000多万元对潮济村历史文化村落进行开发性保护,突出商旅主题,推进'一村一品一景',创建了4个市级美丽乡村精品村和5个省级历史文化古村落,潮济村还入选了第五批中国传统村落名录。目前,我们正在全力以赴推进'点亮北洋'老集镇改造工作,希望杨教授团队再次为北洋出谋划策,'以点带面'补齐集镇建设短板,加快乡村振兴和共同富裕的步伐。"

区农业农村局副书记、副局长杨康从乡村振兴和北洋乡贤的角度向与会人员介绍了北洋特色农业、文化底蕴、古村落、农旅融合等,希望借助杨贵庆教授团队,加大对潮济古街的开发和保护。

同济大学教授、博士生导师杨贵庆教授表示将一如既往支持北洋乡村振兴工作。

下一步,将围绕北洋特色产业,挖掘乡村文化底蕴,留住乡愁和记忆,并以"镇村联动、古新互融、近远促动"为核心,在现有的基础上进行统一规划,分步实施,为"点亮北洋"打造一条"黄岩样板"的共同富裕之路。

随后,与会人员对北洋镇老街、潮济村、小里桥村进行了现场调研。

(引自:2021年7月28日,"黄岩北洋镇"公众号。图文:孙红红;编辑:牟雨扬;审核:郑红)

专栏 3-9　凝聚校地之力共谋发展 绘就乡村振兴新格局

为进一步共推乡村振兴,建立一个休闲旅游、产业兴旺、生态宜居的自在头陀,7月30日,同济大学杨贵庆教授带队的课题组在头陀老街同济大学乡村振兴工作室举行暑期工作营实地调研活动。

镇党委书记黄革军,区农业农村局副书记、副局长杨康,镇部分班子成员,同济大学乡村振兴团队,区农业农村局团队等参加仪式。仪式由同济大学杨贵庆教授主持。

黄革军书记首先对杨贵庆教授团队来到头陀调研指导表示欢迎,并围绕头陀镇"一溪两路三带"战略,以打造"源缘福地""田园美镇""动感小城"三张名片为抓手,以"三三行动"为着力点介绍头陀的历史文化底蕴和资源禀赋,并表示倍加珍惜此次合作,希望双方坚持问题导向,做好资源对接,强化校地合作,助力头陀乡村全面振兴。

杨康表示,头陀生态资源丰富,文化底蕴深厚,是黄岩美丽乡村中华橘源的重要版块,同时希望借助杨贵庆教授团队,突出打造头陀源之源、商之源、居之源三大主题,重点对头陀老街省级历史文化村落的保护和利用提出宝贵意见。

杨贵庆教授在会上提出三点宝贵建议,一要持续深化头陀山水格局与文化休闲板块紧密联动,全面推动第一、二、三产业融合发展;二要充分挖掘"头陀"文化蕴含着的历史底蕴,全面打造修行文化核心版块;三要深入呈现现代集市文化,全面打造广场魅力空间。

接下来,头陀镇将围绕"片区带全域"的发展思路,做到"节点出彩、串点成线、织线成面",打造头陀美丽乡村,建设宜居、宜业、宜游的新时代美丽乡村标杆线。

(引自:2021年7月30日,"橘传媒"公众号)

专栏3-10　同济大学乡村振兴暑期工作营又双叒开营啦

近日,"十四五"标杆县美丽乡村建设同济·黄岩校地合作宁溪镇调研会在乌岩头村召开。同济大学乡村振兴团队,镇党委书记胡鸥,镇党委副书记、镇长黄湛,区农业农村局副书记、副局长杨康,镇部分班子成员,乌岩头村村两委成员等参加。

镇党委书记胡鸥对同济大学乡村振兴团队的到来表示热烈欢迎,感谢杨贵庆教授团队对宁溪镇乌岩头村美丽乡村建设的专业指导。希望以乌岩头区块共同富裕新时代美丽乡村集成示范带项目为纽带,进一步深化校地合作,为宁溪发展多提宝贵意见,共同推动乡村振兴、共同富裕。

同济大学博士生导师杨贵庆教授表示将一如既往支持宁溪乡村振兴工作,在跟进乌岩头古村项目的同时,推进"半山半水泮云间"名家村与古村联动发展,使得乌岩头村早日实现产业、人才、文化、生态、组织"五位一体"的全面振兴。

随后,与会人员对乌岩头村进行了调研,对下阶段工作进行了部署。

(引自:2021年7月31日,"印象乌岩头"公众号)

第 4 章　工作法之四：细化确权

按　语　本章将讨论"细化确权"的工作方法。"细化确权"的目的是让村民拥有自己的发展权益并且长期稳定，其效果是把村民土地和资产的所有权、使用权、经营权、分红权和监督权界定清晰，以便让村民在村庄建设过程中共同享有发展的收益。"细化确权"的本质，是充分发挥村民的自主性、能动性，调动村民参与乡村建设集体发展的积极性，实现长期向好发展。通过"细化确权"，让村民更加关注、关心集体经济的发展壮大，因为集体经济的发展壮大，反过来将提升个人分红的收益。不管是村民自主经营的权益确定，还是村民决定转让经营权，将土地或资产通过村集体入股到与外部投资相结合的共同开发中，不同经营方式的结果，村民都可以比较清楚地预期经营的收益，从而实现风险共担、收益共享。"细化确权"使得村集体经济具有组织村民办大事、挣大钱，实现富裕的可能性，同时，也考验着村集体干部勤劳智慧、廉洁奉公的素质和品质。

4.1 细化确权工作法要点

4.2 壮大村集体经济实现可持续发展
    4.2.1 处理好个人与集体、自存与共存的关系
    4.2.2 细化确权是个人与集体、自存与共存关系稳定发展的重要前提

4.3 实践案例
    4.3.1 屿头乡沙滩老村集体经济的基础
    4.3.2 屿头乡沙滩老村细化确权的相关工作
    4.3.3 沙滩老村壮大村集体经济走可持续发展道路的经验

4.1 细化确权工作法要点

"细化确权"是要从产权上保障村民的资产和发展的权益。从国家宏观政策上,持续推进和保障农村产权的长期稳定。"细化确权"是村民当家作主权力的充分体现,对于乡村长期稳定发展具有重要意义。

"细化确权"的主要思路是:通过清晰界定和划分村民土地和资产的所有权、使用权、经营权、分红权和监督权,让村民和村集体来决定参与建设发展的方式和股份,并由此明确未来收益的预期。

"细化确权"的意义在于把"整体公益性"和"细胞市场化"有机结合。一方面保障村民自主发展的积极性和可能性,另一方面为村庄集体经济壮大提供了可能性和动力。从我国乡村国情来看,基于农村土地集体所有制的体制特点,必须发展壮大集体经济,提升农村基层社会基本保障水平和抗风险能力,才能体现社会主义制度的优越性,才能完整准确把握社会主义新农村的发展方向。

细化确权法包括以下 4 个工作要点(图 4-1)。

(1)推进与保障农村产权的长期稳定。

(2)所有权、使用权、经营权、分红权、监督权界定清晰。

(3)"整体公益性"和"细胞市场化"有机结合。

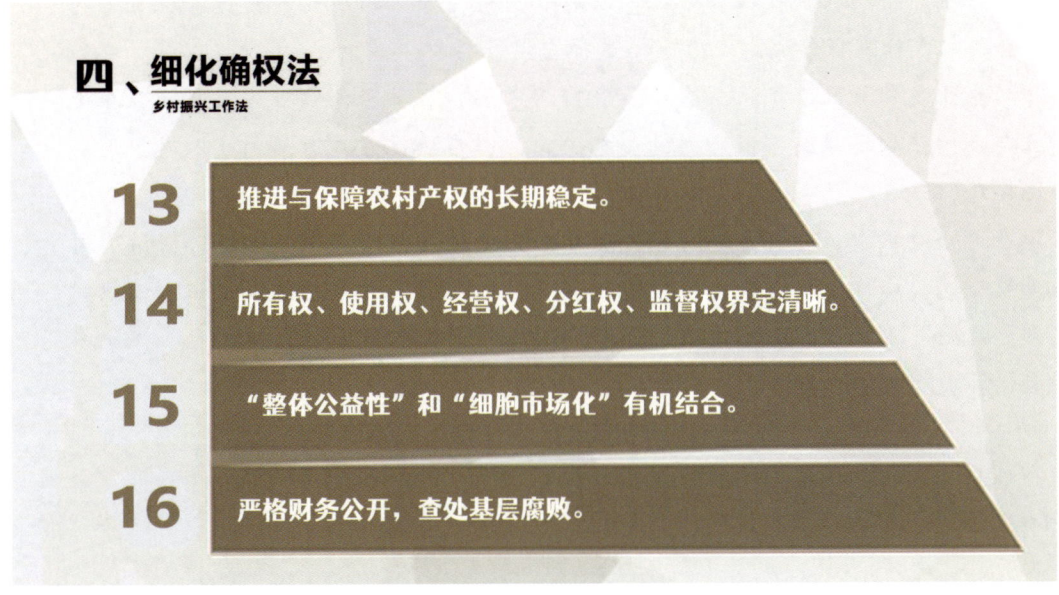

图 4-1 细化确权法的 4 个工作要点[1](制图:梁晨)

（4）严格财务公开，查处基层腐败。

专栏 4-1　产权界定清晰，让农民有安全感和获得感

2018年两会政府工作报告提出落实第二轮土地承包到期后再延长30年的政策；探索宅基地所有权、资格权、使用权分置改革；深化粮食收储、集体产权、集体林权、国有林区林场、农垦、供销社等改革等，进一步对农村产权制度改革作出部署。

早在2014年，浙江省委、省政府就开始"三权到人（户）、权随人（户）走"的农村产权制度改革部署，浙江各地稳步推进以"土地承包经营权登记颁证、农村宅基地确权登记、村集体经济股份合作制改革"为主要内容的农村"三权到户"改革。

产权界定清晰，让农民有安全感和获得感，是推进乡村振兴的基础性制度工程，黄岩区牢牢把握住了这一原则。乌岩头村的改造，在"三权到人（户）"的基础上，进一步细化确权，明确所有权、使用权、经营权、监督权，分为以下四种情况：

1. 省市财政拨付的旧村改造资金，划入村集体所有的农村经济合作社账户，在镇里的指导下按计划使用，纳入村两委议事范畴，接受村民财务公开的监督。

2. 村集体所有的房屋，由农村经济合作社统一改建和经营，村民拥有分红权。

3. 村民的房屋可自主选择租赁给其他人，获取租金收入；也可以租赁给农村经济合作社，获取租金收入和分红。以乌岩头村为例，约90%村民选择租赁给村经济合作社或外来经营主体，约10%选择自用。

4. 为开发乡土旅游资源，黄岩区2017年9月成立了旅游事业发展集团，推进建立与不同产权属性的旅游资源的契约关系，以市场化方式激活村庄人气，形成多赢模式。

在这一过程中，黄岩区不主张将历史文化型村庄的改建整体承包给旅游公司或开发公司，这样往往会赶走原住民，形成破坏性开发，而是达成共识：鼓励村庄内"细胞"市场化，整体上必须保留公益性和村民自治属性，从制度上保护乡村文化和资源体系的多样性、丰富性。

（引自："黄岩报告：乡村振兴工作法"，作者：瞭望智库研究员 吴亮 王先知 里雨曦。《财经国家周刊》，2018年第7期，27）

4.2 壮大村集体经济实现可持续发展

4.2.1 处理好个人与集体、自存与共存的关系

4.2.1.1 处理好个人与集体的关系

集体经济是生产资料归一部分劳动者共同所有的一种公有制经济。它与私有制经济、国家所有制经济共同形成基本的经济所有制形式，集体经济、国家所有制经济都是公有制经济的具体形式。由于国家也是集体的一种特殊形式，因此，国家所有制经济也可看作广义集体经济的一种。一般意义上，集体经济公共性介于国家所有制经济和私有制经济之间，有着悠久的历史和重要的作用。我国宪法第八条规定："农村集体经济组织实行家庭承包经营为基础、统分结合的双层经营体制"。我国农村集体经济具体实行乡镇、自然村、村民小组的三级所有，土地、林木、水利设施等为集体所有，农民盖房的宅基地为无偿划拨，并衍生出多种实现形式。农村集体资产目前主要有资源性资产、经营性资产、非经营性资产三大类别。资源性资产主要包括农民集体所有的土地、森林、山岭、草原、荒地、滩涂等；经营性资产主要包括用于经营的房屋、建筑物、机器设备、工具器具、农业基础设施、集体投资兴办的企业及其所持有的其他经济组织的资产份额、无形资产等；非经营性资产用于公共服务的教育、科技、文化、卫生、体育等方面，包括村里的卫生所、学校、体育设施以及图书馆等（2016年12月26日印发的《中共中央国务院关于稳步推进农村集体产权制度改革的意见》）。我国集体经济的基本特征是"成员共有、管理民主、利益共享、形式多样"。

将集体经济看作一个系统，个体则是这个系统的一类基本单元，个人与集体的关系构成了这个系统的重要结构。系统论告诉我们，系统的状态与系统结构密切相关，壮大集体经济是对集体经济这一系统状态变化的要求，因此，集体经济壮大必须处理好个人与集体的关系。我国宪法第八条规定："参加农村集体经济组织的劳动者，有权在法律规定的范围内经营自留地、自留山、家庭副业和饲养自留畜。国家保护城乡集体经济组织的合法的权利和利益，……国家……鼓励、指导和帮助集体经济的发展"。党的十九大报告提出："保障农民财产权益，壮大集体经济。《浙江省农村集体资产管理条例》规定对农村集体资产按照合作制原则实行民主管理，其经营收益由本集体经济组织全体成员共同享有，并依照本条例规定和集体经济组织章程分配。

个人与集体关系的核心应符合生产力发展的要求。从生产力和生产关系角度来看，个人与集体的关系可以看作生产关系的一种特殊情形。当这种关系符合生产力发展要求的时候，就能促进生产力的发展，集体和个人都能从中获益。当集体和个人的关系不合

适的时候，就会阻碍生产力的发展，一方面集体和个体都会受损，另一方面，这种关系也会在生产力发展的要求下发生改变。新中国成立以来，我国根据生产力水平、社会经济发展情况等在农村集体经济发展方面先后实行了农村合作社、人民公社、双层经营等实践形式，农村集体经济衍生出如农民专业合作社以及股份制、股份合作制等多种形式。如《浙江省农村集体资产管理条例》规定村集体经济组织对农村集体资产可以直接经营，也可以采取发包、租赁、合资、合作等方式经营。

专栏4-2 农村集体经济组织示范章程（试行）第三十九条

本社将经营性资产（不含集体土地所有权，下同）以份额形式量化到本社成员，设置份额　　　　份，作为收益分配的依据。

〔本社将经营性资产（不含集体土地所有权，下同）设置股份　　　　股，作为收益分配的依据。股金总额　　　　元，每股金额　　　　元。其中：成员股　　　　股，股金总额　　　　元〔集体股　　　　股，股金总额　　　　元〕。

成员股包括以下类型：

（一）人口股，共计　　　　股，股金总额　　　　元；

（二）劳龄股，共计　　　　股，股金总额　　　　元；

（三）扶贫股，共计　　　　股，股金总额　　　　元；

（四）敬老股，共计　　　　股，股金总额　　　　元；

（五）〔……〕

注：〔 〕内文字部分为选择性内容，农业农村部关于印发《农村集体经济组织示范章程（试行）》的通知　农政改发〔2020〕5号

4.2.1.2 处理好自存与共存的关系

集体经济存在是集体经济壮大的前提。集体经济壮大必须处理好两个层面的自存与共存关系。

一个层面是集体经济内部的自存与共存。也就是集体经济组织和其成员的自存与共存的关系。很显然，集体经济成员的存在是组织存在的前提，若成员不存在了，组织也就自动瓦解了；组织是成员更好存在的保障，个体的能力总是有限，集体经济将个人某一方面的能力联合起来，可以完成个人完成不了的事情，带来更多的收益，然后把这

些收益分配给组织成员，从而更好地保障成员的存在；当然，若集体经济不能为成员带来更多的收益，也就没有存在的理由了。

另一个层面是集体经济作为一个个体和环境之间的共存。集体经济组织虽然比个人的能力大了，但还不是也不可能是全能的，它还必须和外界发生千丝万缕的关系，因此，集体经济还须做好和环境的共存。

4.2.2 细化确权是个人与集体、自存与共存关系稳定发展的重要前提

细化确权是现代产权制度的基本要求。产权制度是指既定产权关系和产权规则结合而成的且能对产权关系实现有效的组合、调节和保护的制度安排。产权制度的最主要功能在于降低交易费用，提高资源配置效率。现代产权制度是权责利高度统一的制度，其基本特征是归属清晰、权责明确、保护严格、流转顺畅。细化确权直接对应归属清晰，产权主体归属明确和产权收益归属明确是现代产权制度的基础；对权责明确、保护严格、流转顺畅有重要促进作用。从产权角度看，集体经济中，个人与集体关系的重要表现之一是产权关系，产权关系也是其他经济关系的基础，对于维护社会关系也有重要意义。细化确权要求明确集体经济生产资料中哪些是个人的、哪些是集体共有，集体共有部分的收益如何分配到个人、分配多少给个人等。因此，细化确权是处理好个人与集体、自存与共存关系并促进其稳定发展的重要前提。

我国农村集体资产产权归属不清晰、权责不明确等问题依然存在。集体经济的实质是合作经济，包括劳动联合和资本联合。从集体经济发展的历史上看，人们往往只承认集体经济是劳动者的劳动联合，而弱化甚至否认了集体经济还具有劳动者资本联合的特征。从当前横向看，农村情况千差万别，集体经济发展很不平衡，在工业化、城镇化加快推进中，农村经济结构、社会结构正在发生深刻变化。农村集体资产产权归属不清晰、权责不明确、保护不严格等问题不同程度地存在最直接的表现是农村集体资产使用效率低、荒废严重，侵蚀了农村集体所有制的基础，一定程度上影响了农村社会的稳定，妨碍了农村经济社会高质量发展。改革农村集体产权制度势在必行，还原其合作经济的本来特征。

细化确权究竟细化什么、确定什么权利？《农村集体资产清产核资办法》规定根据《中华人民共和国物权法》和《中共中央国务院关于稳步推进农村集体产权制度改革的意见》要求，要把农村集体资产的所有权明确到不同层级的农村集体经济组织成员集体，并依法由农村集体经济组织代表集体行使所有权。未成立集体经济组织的由村民委员会代表集体行使所有权；分别属于村内两个以上农民集体所有的，要把集体资产所有权确权到村内各该集体经济组织成员集体，并依法由村内各该集体经济组织代表集体行使所有权，未成立集体经济组织的由村民小

组代表集体行使所有权；属于乡镇农民集体所有的，要把集体资产所有权确权到乡镇集体经济组织成员集体，并依法由乡镇集体经济组织代表集体行使所有权。《浙江省农村集体资产管理条例》规定县级以上人民政府应当根据法律、法规和国家有关规定，对农村集体资产的所有权或者使用权进行界定确认。

细化确权是我国农村集体经济产权改革的重要目标。农村集体资产权改革有三个主要内容：①就经营性资产而言，通过股份或份额的形式量化到本集体经济组织成员、确权到户，并积极发展多种形式的股份合作，明确集体经济组织的市场地位，加强集体资产运行管理监督，落实集体收益分配机制。②就非经营性资产而言，在清产核资基础上，建立健全台账管理制度，探索实行集体统一运行的管护机制，确保其更好地为集体经济组织成员提供公益性服务。③就资源性资产而言，落实法律法规政策，健全完善登记制度，巩固已有确权成果。对于未承包到户的集体资源性资产，要摸清底数，明确权属。

4.3 实践案例

4.3.1 屿头乡沙滩老村集体经济的基础

4.3.1.1 沙滩老村基本情况

沙滩村位于浙江黄岩区西部山区屿头乡，距市区约30km，属长潭水库生态保育区，2020年常住人口约550人，包括老村和新村两个相邻部分。历史上沙滩村一直是区域重要的交通驿站，人丁兴旺。老村围绕"太尉殿"展开，有老街巷、村民住宅和20世纪60-70年代的乡公所等一系列集体权属的公共建筑和场地。伴随90年代以来的快速城镇化，原驿站功能弱化、人员外流，且因水库生态保育、山地环境限制，村庄社会经济日渐式微。2000年后，沙滩村跳出老村，建设新村，老村衰退进一步加剧。2013年在老村进行美丽乡村建设，沙滩老村逐步更新。

4.3.1.2 沙滩老村资产情况

从土地角度看，沙滩老村有集体土地和国有土地两种类型，更新前以集体土地为主；集体土地主要包括宅基地、农田、内部道路等，国有土地主要包括以前作为乡政府驻地遗留下来的公共设施用地。从地面附着物角度看，沙滩老村有国有、集体和私人所有三种类型；从使用角度看，沙滩老村资产使用主体主要包括私人、企业单位、公共和空置四类。更新前私人使用资产主要包括民房、宅基地等。年轻村民多外出打工，生活居住的人多为老人。企业单位使用主要包括乡政府驻地遗留下来的公共设施。2013年8月调查显示，沙滩老村共有8家企业，分别为红光塑料厂、长丰纸箱、幸运塑胶、奥华文具办公用品厂、米正纸塑、福运塑料厂、黄岩万事发纸箱、安兴纸箱厂，具体（图4-2—图4-5）。重点资产情况和权属见表4-1—表4-3。

4.3.1.3 沙滩老村发展的主要困境

包括三个方面：一是，一系列公共建筑和场地基本处于低效利用和被废弃的状态。空置的资产主要是部分民房和乡政府驻地遗留下来的公共设施，其余的塑料厂、纸箱厂效益不高。二是，资产使用的结构和层次比较低。主要以基本居住和第二产企业为主。第二产企业同质性较高，生产技术较低，呈现低、小、散的特征。这些企业多雇佣部分外来工人，与当地联系有待加强。三是，部分资产使用有一定的环境污染，既难以满足

图4-2 原乡政府作为工艺品厂低效使用的情况
图片来源：《浙江省台州市黄岩区屿头乡沙滩村美丽乡村规划》。

图4-3 院落内部被工艺品厂使用的情况
图片来源：《浙江省台州市黄岩区屿头乡沙滩村美丽乡村规划》。

图4-4 原兽医站及其辅助房间的空置和废弃情况
图片来源：《浙江省台州市黄岩区屿头乡沙滩村美丽乡村规划》。

图 4-5 沙滩老村重要资产使用主体分布
图片来源：现场调研。

表 4-1 沙滩老村内重点资产情况一览表

名称	建设时间	资产性质	宗地权属	附着物权属	附着物使用主体	附着物使用状态
卫生院	1970年代	非经营性	国有	乡卫生院	个人	临时住房
卫生院宿舍	1970年代				—	空置
卫生院	1970年代				企业单位（国家电网）	基础设施
老乡公所	1970年代			乡政府	企业单位（明鹿工艺品厂）	工厂
兽医站	1970年代			—	—	空置
供销社食堂	1980年代			供销社	企业单位	仓库
粮站	1970年代	经营性			—	空置
供销社	1970年代	经营性			企业单位	工厂
太尉殿	宋代开庆	非经营性	集体	沙滩村	公共	公共活动

资料来源：作者在屿头乡沙滩村访谈记录整理。

表 4-2　沙滩老村重点资产及其权属建设前后情况一览表

	建设后						建设前						
名称	资产性质	土地权属	附着物权属	使用状态	名称	建设时间	资产性质	土地权属	附作物权属	附作物使用主体	附作物使用状态		
乡村振兴学院	经营性	国有	乡卫生院	教学、会议	卫生院	1970年代	非经营性	国有	乡卫生院	个人	临时住房		
同济教学实践基地	非经营性			教学	卫生院宿舍	1970年代				—	空置		
乡府酒店	经营性		乡政府	住宿、餐饮	卫生院	1970年代				企业单位	国家电网		
粮宿	经营性	集体	供销社	住宿	乡政府	1970年代	经营性		乡政府	企业单位	明鹿工艺品厂		
供销酒店	经营性			住宿、餐饮	粮站	1970年代	经营性		供销社	—	空置		
太尉殿	非经营性		沙滩村股份经济合作社	公共活动	供销社	1970年代	非经营性			企业单位	工厂		
社戏广场	非经营性			开放	食堂	1980年代		集体		企业单位	仓库		
集散中心	经营性			出租	太尉殿		非经营性		沙滩村	公共	公共活动		
旅游信息服务中心	非经营性			出租	民房1及附属设施	2013年	非经营性		个人	—	正常使用		
三径书屋	非经营性			开放	空置场地	—	非经营性		沙滩村	—	空置		
四季采摘园	资源性			种植	兽医站	1970年代	非经营性		沙滩村	—	空置		
					民房2	1970年代	非经营性		个人	个人	居住		
					—		非经营性		个人	个人	种植		

建设后					建设前						
名称	资产性质	土地权属	附着物权属	使用状态	名称	建设时间	资产性质	土地权属	附作物权属	附作物使用主体	附作物使用状态
小憩民宿	经营性	集体	个人	住宿	民房3	1980年代	经营性		个人	个人	正常使用
小酒吧	经营性	集体	个人	酒吧	民房4	1980年代	经营性		个人	个人	正常使用
左拎右选	经营性	集体	个人	馒头、土特产	民房5	1970年代	非经营性	集体	个人	个人	居住
东停车场	非经营性	集体	沙滩村股份经济合作社	开放	公共停车场	2013年	非经营性		个人	个人	正常使用
西停车场	非经营性	集体	沙滩村股份经济合作社	开放	—	2020年	非经营性				正常使用
文化礼堂	非经营性	集体	沙滩村股份经济合作社	党员活动室、小型文化活动室	村屋	2015年	非经营		村集体		
公厕	非经营性	集体	沙滩村股份经济合作社						村集体		
太极潭	非经营性	集体	沙滩村股份经济合作社						村集体		
天云塘	非经营性	集体	沙滩村股份经济合作社						村集体		
东侧小卖部（大尉殿对面）	经营性	集体	个人	零食、烟酒	民房		非经营性	个体	个人		居住
老奶奶小卖部	经营性	集体	个人	零食、烟酒	民房		非经营性	个体	个人		居住
小丫炊圆	经营性	集体	个人	炊圆、粽子、水饺	村屋	2020年	非经营性	集体	沙滩村		空置

建设后					建设前						
名称	资产性质	土地权属	附着物权属	使用状态	名称	建设时间	资产性质	土地权属	附作物权属	附作物使用主体	附作物使用状态
阿玲馒头	经营性		个人	馒头	村屋	2013年	非经营	集体	沙滩村		空置
官荣米酒	经营性		个人	米酒	民房	2015年	非经营	个体	个人		居住
和合书吧	非经营性		个人	书吧	民房	2020年	非经营	个体	个人		居住
台科院基地	非经营性		个人	文创	民房	2022年	非经营	个体	个人		居住
交旅土特产馆	经营性		个人	土特产	民房	2020年	非经营	个体	个人		居住
西侧小卖部（小憩旁）	经营性		个人	零食、烟酒	民房	2016年	非经营	个体	个人		居住

资料来源：书面访谈。

表 4-3　　　　　　沙滩村重点承包和租赁经营集体资产情况一览表

名称	资产性质	承包人承租人名称	承包、租赁期限
乡府酒店	经营性	枕山	
乡村振兴学院	非经营性	枕山	
粮宿	经营性	共富公司	5年
同济大学美丽乡村教学实践基地	非经营性	乡政府	长期
供销酒店	经营性	枕山	
集散中心	非经营性	枕山	10年
旅游信息服务中心	非经营性	共富公司	5年
四季采摘园	资源性	共富公司	5年
东停车场	非经营性	共富公司	5年
西停车场	非经营性	枕山	
小憩民宿	经营性	共富公司	10年
小酒吧	经营性	共富公司	5年
三径书屋	非经营性	共富公司	5年
东侧小卖部（太尉殿对面）	经营性	个人	—
老奶奶小卖部	经营性	个人	—
小丫炊圆	经营性	个人	—
阿玲馒头	经营性	个人	—
官荣米酒	经营性	个人	—
和合书吧	非经营性	区图书馆	
交旅土特产馆	经营性	区交旅集团	
西侧小卖部（小憩旁）	经营性	个人	
文化礼堂	非经营性	—	—
公厕	非经营性	—	—
太极潭	非经营性	—	—
天云塘	非经营性	—	—

资料来源：作者在现场书面访谈整理。

水源地保护要求，还对周边居民造成负面影响。四是，自然环境和特色风貌难以有效利用。尽管沙滩老村周边有良好的自然环境、山水关系，沙滩老街也有风貌较好的公共设施、建筑，沙滩老街与自然山体的对景关系也有独特价值，但这些要素的综合利用和价值转换难度都较高，资金和人才的缺乏进一步加剧了这些困难。

4.3.2 屿头乡沙滩老村细化确权的相关工作

作为典型的历史文化类村庄，屿头乡沙滩村老街区域拥有较高的旅游价值。然而，因宗地权属关系凌乱复杂、相同资产性质的房屋分布零星分散、村民发展意愿大相径庭等诸多因素制约，早年的沙滩村发展滞缓。

沙滩村的整体改造开始于2013年的美丽乡村规划建设，围绕"确权、赋能、搞活"三步走原则，依托农村集体产权制度等农村各项重点改革，美丽乡村建设赋予农民财产权利，盘活资源要素，增强村集体发展活力。

在中央关于加快推进农村宅基地确权登记发证工作以及关于完善农村土地承包制度搞活承包经营权权能的政策指引下，沙滩村所有村户都进行了"宅基地按框拍电子照"，即在第二轮土地承包的基础上挨户进行丈量建档。至2014年年底，沙滩村所有住户完成了农村土地承包经营权登记，合同的签订率达到100%，权证的颁发率也达到100%。实现了全村农民承包地面积、四至、合同、权证"四到户"，证地、证户、证簿"三相符"，并基本形成规范有序、流转顺畅、规模适度的土地流转机制，这也为后期乡村振兴的实施打下坚实基础。

在"三权到人（户）"的基础上，沙滩村的改造进一步细化确权，明确所有权、使用权、经营权、监督权，分为以下六种情况：

（1）省市财政拨付的相关改造资金，划入村集体所有的农村经济合作社账户，在乡政府的指导下按计划使用，纳入村两委议事范畴，所有开支做到三证（指收款证明，用途付款证明，实物证明）齐全，接受村民财务公开的监督。

（2）村内闲置的国有单位办公场所，如老乡政府大院、老卫生院、老粮站、老供销社、老兽医站等，乡政府与各单位主管部门对接协调，厘清土地、房产所有权和使用权关系，根据文旅产业发展需要，建设旅游配套设施。如通过校地合作、借智引力，在风貌上按照适应环境的理念推动老建筑修旧如故，内部结构按照适宜人居的理念，进行现代化、数智化升级。由乡运营公司改造成为乡村振兴学院、星级酒店、精品民宿、乡村书房等载体，并对外进行招商，在实现乡村活化的同时提升旅游基础配套。

（3）村集体所有的房屋，由农村经济合作社出资统一改建和经营，村民拥有分红权。例如沙滩老街上的旅游集散中心、小丫炊圆、左拎右送等店铺即为村集体出租，每年可为村集体经济收入增加10余万元。

（4）村民所有房屋可自主选择租赁给

其他人，获取租金收入；也可以租赁给农村经济合作社，由村合作社统一对外招商，村民获取租金收入和分红。也有不少村民选择自用，如老街上的官荣米酒、阿玲馒头、雪芳馒头等，原乡人的自主创业成为农村多种经营不可或缺的组成部分。

（5）村集体所有的土地，根据发展需要，进行合理赋能开发。例如2015年和2022年，沙滩村分别将78亩、150亩闲置土地使用权收归村集体，与相关市场主体合作，统一开发打造"四季采摘园"、玫瑰产业园，走出了一条将零散土地统一规划、统一管理、统一收益的乡与村捆绑式经营模式，实现了将土地盘活的目的。

（6）为开发乡土旅游资源，黄岩区2017年9月成立了旅游事业发展集团，屿头乡通过与其合作引进柔川旅游开发有限公司，对沙滩老街进行整体运营，推进建立与不同产权属性的旅游资源的契约关系，以市场化方式激活村庄人气，形成多赢模式。

沙滩村改革包括土地承包、进行土地流转、给土地赋能，以及将产业结构转型发展的土地改革践行，事实证明：沙滩村的每一步建设发展都与中国经济的阶段性发展相契合。在这一过程中，沙滩村保留了产权多样性，鼓励村庄内"细胞"市场化，整体上兼顾公益性和村民自治属性，从而形成了多种经营、多类产业的新型乡村社会共富体，从制度上保护乡村文化和资源体系的多样性、丰富性。

4.3.3 沙滩老村壮大村集体经济走可持续发展道路的经验

沙滩老村通过鼓励发展集体经济，利用制度优势，克服乡村人才缺乏，促进乡村空间资源合理配置和乡村功能结构优化。

（1）细化确权是壮大村集体经济走可持续发展道路的基础

村庄虽小，但产权结构十分复杂。既有国有土地、还有集体土地，既涉及所有权、承包权、使用权等，还涉及土地权益、附着物权益。细化确权使权益的调整和评估有了坚实的基础，权益调整是壮大村集体经济、使村集体经济从不可持续走向可持续的必要环节，权益调整的核心是处理好个人、及其与集体的关系。

（2）优化空间结构是壮大村集体经济走可持续发展道路的重要条件

空间是社会经济活动的基本载体，生态文明背景下要求山、水、田、林、湖、草等统一考虑，空间结构的重要性进一步凸显。需要通过良好的空间结构，将有特色、有价值的村庄空间资源组合起来，形成一个有机的整体。如更新改造前的沙滩老村，主要的企业房屋与老街的风貌、特色对景，没有什么关系。而在更新改造之后乡村振兴学院、枕山酒店等建筑与老街的风貌形成了协调，营造了特色。老街吸引了大量游客。

（3）提升功能结构是壮大村集体经济走可持续发展道路的重要保障

首先要强化功能的内生性，根植于乡村

的特色资源。其次要理顺各个功能之间的关系，减少功能冲突，做到相互支撑，形成功能合力。此外，还要强化功能和空间的相互联系和制约。乡村的空间一般都有较长的历史，在乡村功能更新的过程中，应充分重视空间对功能的制约作用，做到功能与空间相互支撑（图4-6）。

（a）改建后的文化礼堂

（b）改建后的乡村振兴学院

（c）改建后的同济大学美丽乡村教学实践基地

（d）社戏广场

（e）天云塘

（f）太极潭

（g）公共厕所

（h）沙滩老街

图4-6 沙滩村集体资产细化确权后的经营提升了村庄人居环境

图片来源：屿头乡人民政府办公室提供。

第 5 章 工作法之五：功能注入

按 语 本章将讨论"功能注入"的工作方法。"功能注入"的目的，是要让式微的村庄拥有自身的"造血"机能。在之前讨论的"文化定桩""点穴启动""柔性规划"和"细化确权"工作法的基础上，通过给乡村注入现代化的宜居功能、因地制宜培育多样化的产业功能，结合村庄物质空间环境的针对性改造建设，使村庄成为发挥当代生产生活的载体。在当前城镇化进程中，乡村振兴必须通过"功能注入"来提升乡村与城镇竞争发展的能力，从而保障城乡要素得以双向、平等流动，以转变长期以来乡村各种资源要素向城镇单向流动的劣势。一方面，如果乡村没有现代的"功能注入"，那么乡村的物质空间环境就没有"活化"的内涵；另一方面，如果不对乡村的物质空间环境加以适当改造，那么，过去留存下来的物质空间环境也无法承载当代的新功能。乡村的现代化，不仅要保护和强化自身文化和风貌特色，而且要拥有现代化的生产、生活设施条件。

5.1 功能注入工作法要点

5.2 村庄闲置公共设施的活化利用
5.2.1 村庄闲置公共设施的定义
5.2.2 国际经验与研究实践
5.2.3 村庄闲置公共设施活化利用的可能性
5.2.4 村庄闲置公共设施活化利用的必要性

5.3 实践案例
5.3.1 黄岩区屿头乡沙滩村闲置公共设施活化利用的实践
5.3.2 黄岩区宁溪镇乌岩头村闲置公共设施活化利用的实践

5.1 功能注入工作法要点

"功能注入"的主要思路是：为特定的乡村物质空间环境找到适合其发展的新的功能。要匹配好传统乡村人居空间环境的特点，首先要深入调研村庄的自然地理、气候环境、社会文化和产业经济发展基础。特别是充分把握村庄发展的优势、劣势、机会和挑战。只有充分熟悉村庄空间环境特点，才能为新的功能植入提供比较适宜的发展环境。

一般来说，新的功能和原有的乡村空间环境总是存在或多或少不相匹配的地方，这就需要设计师加以恰如其分的设计改造。编制的新的规划设计方案，一方面必须因地制宜，保护、传承好村庄既有的历史文化价值，另一方面，对不适合新功能的地方加以创新转化。功能注入的过程，对于既有的物质空间环境，既不是全盘接受、丝毫不动（各级文物保护建筑除外），也不是大拆大建，面目全非，甚至造"假古董"。

"功能注入"的功能类型是多方面的。既有文化功能，也有产业功能，也有现代化居住功能。"功能注入"应善于把多种功能相互照应和组合。

功能注入法包括以下 4 个工作要点（图 5-1）。

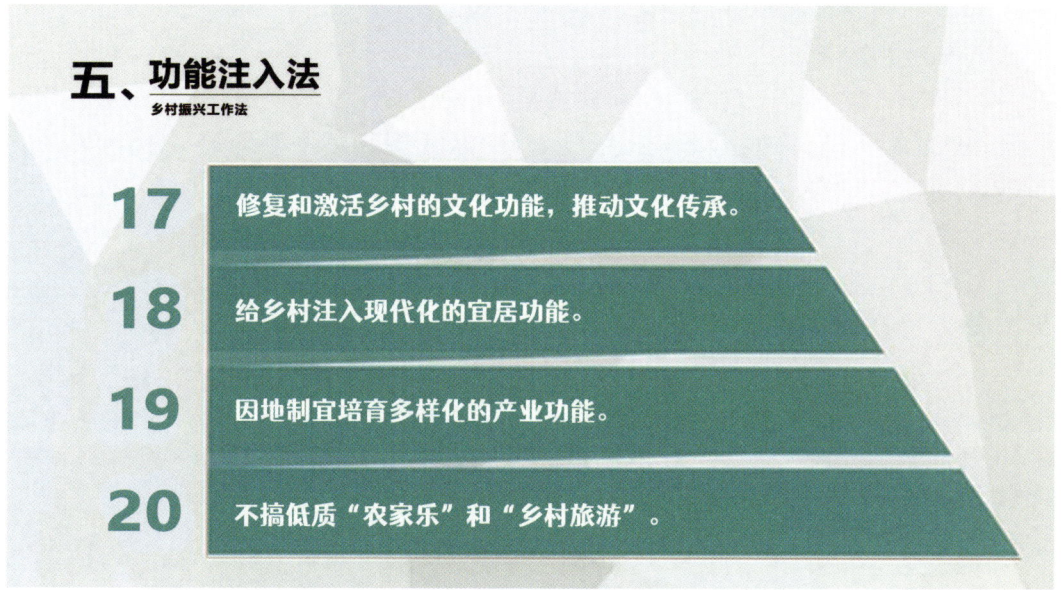

图 5-1 文化定桩法的 4 个工作要点 [1]（制图：梁晨）

（1）修复和激活乡村的文化，推动文化传承。

（2）给乡村注入现代化的宜居功能。

（3）因地制宜培育多样化的产业功能。

（4）不搞低质"农家乐"和"乡村旅游"。

专栏 5-1　"没有功能的注入，乡村的修复与激活就无从谈起"

在黄岩区与同济大学的探索中，按三个层面对乡村实现功能更新、再造、注入，尽可能推进"乡土文化、空间环境、产业经济"三位一体发展。

第一层面，给村庄一个"文化定位和定义"，修复和激活文化功能，形成特定的"乡愁"和文化印记。

第二层面，给乡村注入现代化的宜居功能。

这首先归功于浙江省推进的美丽乡村建设，黄岩区推进乡村基础工程建设，管线入地、铺设污水处理管道、城乡一体化建设基础设施，在此基础上高度重视宜居功能的打造。我们在当地调研时看到，一些改造后的农民住房、农宿已不亚于城市住房的设施和功能。

围绕村庄改造而形成的创新业态，如各类临街商店、工作坊、书店、体验馆、民俗博物馆、民宿等；开发乡村的旅游、大健康、培训等服务型产业功能；培育和打造以特色农业、农副产品加工、水果休闲采摘等为主导的农业主题园区，推进第一产业与第三产业直接融合。

第三层面，乡村文化、空间环境、产业经济互为支撑，不可分割。

产业经济是乡村振兴的"造血机"，是乡土文化和空间环境建设的经济基础，为乡村振兴提供原动力；文化功能是乡村文明的灵魂，是乡村产业经济发展的目标和意义所在；而空间环境建设是产业经济发展和社会文化的物质载体，空间环境的改善可以促进乡村产业经济能级提升，并为乡村社会文化活动创造物质基础。

（引自："黄岩报告：乡村振兴工作法"，作者：瞭望智库研究员 吴亮 王先知 里雨曦。《财经国家周刊》，2018年第7期，28），编入时删略。

5.2 村庄闲置公共设施的活化利用[①]

5.2.1 村庄闲置公共设施的定义

村庄闲置公共设施,是指曾经使用过但由于种种原因目前丧失了使用功能而被空置的,作为乡属或村集体产权性质的村庄生产生活服务设施。由于历史的原因,上述公共设施产权性质往往比较复杂,也可能归属乡镇政府以上层级的县市区行政主管或行业主管部门。这里所指公共设施,不仅包括设施建筑或构筑本身,也包括其附属的场地。此外,此处讨论的村庄公共设施,不包括各级历史文物保护单位的建筑或构筑。

村庄闲置公共设施,是一个历史发展过程中的遗留问题。随着我国农业生产力发展,村民的生产、生活方式和乡村社会组织形态发生了较大改变。基于生产力和生成关系的辩证关系理论,一些曾在村民生产生活中起到重要作用的公共设施,其功能不一定能满足新的需求,加上政策体制的转变等因素,它们逐渐被闲置而荒废。

笔者在对一些地区的乡村调研中发现,不少村庄特别是交通不便、偏远地区的山地乡村,或多或少分布着一些集体产权的老旧公共设施,由于种种原因被闲置。这些老旧公共设施大多始建于20世纪人民公社时期(60年代至80年代初)。一些原来曾经是乡政府驻地的村庄,由于后来行政区划调整,乡政府办公的功能迁出,房屋设施就空置了。历经岁月变迁,产权关系复杂,导致原有小而全的乡级公共设施被闲置,如乡公所、供销社、卫生院、电管站、粮站等。这些公共设施在村庄中的位置条件较好,建筑结构整体尚好,但由于常年不用,建筑材料老化、内部环境脏乱。一些公共设施及其场地被租赁作为临时工厂、生产作坊,违章搭建普遍,安全隐患严重。总体来看,这些闲置公共设施及其场地的资源浪费现象严重。

那么,这些村庄闲置公共设施有没有被更新改造、活化利用的可能?在当前新增建设用地审批十分严格的条件下,是否可对闲置公共设施进行改造利用,作为城乡要素双向流动下植入新功能的空间载体?

5.2.2 国际经验与研究实践

5.2.2.1 国际经验

从经济发达国家的乡村演进整体趋势来看,随着传统农业经济地位的持续下降,伴随着传统农耕方式而形成的一系列村庄公共设施,普遍面临不适应现代农业生产方式下的乡村社会组织形态,因而,原有村庄公共设施闲置的情况较为普遍。针对村庄闲置公共设施的更新利用,一些起步较早的经济发达国家,如德国、荷兰、英国等,已积累了

[①] 杨贵庆,开欣,但梦薇。

不少实践和政策经验。

德国乡村更新计划从 20 世纪 60 年代末在全国范围展开。其更新实践总体上主要经历了土地整理、空间环境和既有建筑更新等三个方面[①]。王祯等[②]研究了德国巴登-符腾堡州 Achkarren 村的发展情况，列举了村庄原有闲置的学校校舍、幼儿园、市政办公建筑、谷仓等公共设施场地转型活化利用的成功案例，其中有把闲置谷仓改造为葡萄酒主题博物馆，展示村庄传统产业的文化和历史特色，使之成为远近闻名的观光旅游亮点。

荷兰有超过半数的乡村建筑不再作为农业功能使用，大多数村庄闲置公共设施被活化利用为居住、商业等功能。Jacob[③]通过弗里斯兰省（Friesland）七个自治区的乡村闲置建筑调研发现，闲置设施活化利用后的功能主要是服务产业，一方面为乡村提供新的就业机会，另一方面具有重要的孵化功能，为乡村经济提供多样性。对于村民而言，乡村老旧建筑的形式风貌还具有乡愁记忆的精神意义。

英国历史建筑与遗产委员会颁布的《传统乡村建筑的适应性再利用：最佳实践指南》指出："活化利用"村庄闲置公共设施的过程包括部分建筑的新建、部分没有意义的建筑的拆除、开放空间的重新整理，并通过规划更好地提升传统建筑在环境中的重要性[④]。同时这份指南提出了"活化利用"的 11 个关键点：理解建筑的结构和条件，尊重建筑的历史意义，理解建筑的选址与周围环境的关系，实现高标准的设计和施工工艺，尽量减少对历史肌理的破坏，保留鲜明的特色，引入日光，对新功能的重新细分，满足现行建筑规范，考虑扩建和新建建筑，小型附属建筑的再利用与保留。这些关键点对于活化利用老旧建筑起到了积极的指导作用。

5.2.2.2 国内相关理论和实践探索

随着乡村振兴战略的实施，国内针对村庄闲置公共设施活化利用方面的相关研究和实践成果方兴未艾。一些研究不仅针对闲置资源的活化利用，而且更关联村庄文化保护和赓续。常青认为，传统聚落的保护要兼顾文化保护和生活延续，保护的成败主要取决于能否使传统聚落获得再生，能否有机地将历史脉络"编织"到当代城乡演进的生活形态和空间形态中[⑤]。这一论断指出了村庄闲

---

① 聂梦遥，杨贵庆. 德国农村住区更新实践的规划启示[J]. 上海城市规划，2013(05)：81-87.
② 王祯，杨贵庆. 培育乡村内生发展动力的实践及经验启示——以德国巴登—符腾堡州 Achkarren 村为例[J]. 上海城市规划，2017（01）：108-114.
③ Jacob H.P. van der Vaart. Towards a new rural landscape：consequences of non-agricultural re-use of redundant farm buildings in Friesland[J]. Landscape & Urban Planning，2005（Volume 70，Issues 1-2）：143-152
④ David Pickles，Jeremy Lake. Adapting Traditional Farm Buildings：Best Practice Guidelines for Adaptive Reuse. Historic England. 2017（09）
⑤ 常青. 略论传统聚落的风土保护与再生[J]. 建筑师，2005（03）：87-90.

置公共设施活化利用的重要性。

孙珠颖[①]研究了从传统村落转型成旅游服务村落的过程中，公共建筑功能需求的变化。传统农耕社会背景下的村落所需要的宗祠、庙宇、书院、戏台，到当下生活方式发生转变后所需要的村委、社区服务中心、学校，再到旅游市场介入后所需要的游客服务中心、乡村酒店等，村庄公共设施的功能和角色发生了更迭；钟恺琳[②]对山东日照的杜家坪村鲁东南石头民居聚落进行废弃村落的活化利用实践，保留原街巷院落肌理、旧建筑、树木，老房子改造为乡村艺术区，包括民宿酒店、艺术家工作室等商业和文化空间，以及茶室等休闲空间；严婷等[③]对湖北石骨山村所在的凤凰人民公社旧址进行了活化利用，将公共食堂改造为展厅，恢复原公社礼堂前的大广场作为大型室外活动的场所等；向刚等[④]对乡村闲置工业建筑的活化利用进行了研究，并对苏州吴中区黄墅村的旧厂房进行再利用实践，改造为活动室、展厅等功能；同济黄岩乡村规划实践团队在浙江黄岩，先后开展了乡村闲置公共建筑与环境的功能再生研究[⑤]、乡村废弃公共建筑及场地再利用的规划研究[⑥]，总结了"黄岩实践""乌岩古村""乡村人居"等成果[⑦⑧⑨]，发表了《探索传统村落活态再生之道》《新乡土建造》等论文[⑩⑪]。

通过相关理论和实践的梳理发现，在一些经济发达国家，该问题普遍受到关注，对村庄闲置公共设施再利用的影响因素、运作模式、具体方法等进行了研究和实践，有的还出台了相应的政策文件、指南或导则。在国内，随着全面实施乡村振兴战略的推进，国家政策层面对于乡村存量建设用地资源的有效利用、传统村落保护和利用、村庄特色风貌塑造等都十分重视。近年来，各地对村庄闲置公共设施改造利用的优秀实践案例如雨后春笋，理论探索和实践方兴未艾。但总

---

① 孙珠颖. 休闲旅游型乡村整合更新设计策略初探[D]. 重庆大学，2014.
② 钟恺琳. 山东凤凰措：废弃村落的再生营造[J]. 房地产导刊，2018（01）：62-65.
③ 严婷，谭刚毅. 基于类型转变研究的人民公社旧址改造设计——以湖北"石骨山人民公社"为例[J]. 南方建筑，2018（01）：16-21.
④ 向刚，郭海鞍，刘海静. 废旧生产建筑在特色田园乡村建设中的重生——以苏州吴中区黄墅村匠心工坊设计为例[J]. 小城镇建设，2018，36（10）：46-51.
⑤ 杨贵庆，开欣. 乡村闲置公共建筑与环境的功能再生——以浙江省黄岩区屿头乡沙滩村为例[C]. 中国城市规划学会乡村规划与建设学术委员会学术研讨会.2015：101-107.］
⑥ 但梦薇. 乡村废弃公共建筑及场地再利用的规划研究——以浙江黄岩屿头乡为例[D]. 同济大学，2015.
⑦ 杨贵庆，等. 黄岩实践——美丽乡村规划建设探索[M]. 上海：同济大学出版社，2015.
⑧ 杨贵庆，等. 乌岩古村——黄岩历史文化村落再生[M]. 上海：同济大学出版社，2016.
⑨ 杨贵庆，等. 乡村人居——黄岩村庄风貌导则探索[M]. 上海：同济大学出版社，2020.
⑩ 杨贵庆，开欣，宋代军，王祯. 探索传统村落活态再生之道——浙江黄岩乌岩头古村实践为例[J]. 南方建筑，2018，10：49-55.
⑪ 杨贵庆. 新乡土建造——一个浙江黄岩传统村落的空间蝶变[J]. 时代建筑，2019，1：20-27.

的来看，研究和实践较多针对村庄闲置宅基地、单个闲置生产建筑的改造利用设计和建造，而缺乏系统化探讨我国计划经济时期特别是人民公社时期留存下来的村庄闲置公共设施的活化利用。在当今全面推进乡村振兴的背景下，城乡要素双向流动加剧，这方面的研究和实践，尚需进一步开拓。

5.2.3 村庄闲置公共设施活化利用的可能性

5.2.3.1 类型和数量多

在长期计划经济体制下农村，自上而下按照国家规定规范要求配置各级公共设施。在"人民公社"时期，农村公共服务机构在乡村担当了组织生产、生活的重要职能。其体系健全，有定员数量要求，主要职能分类明确（表5-1）。

表5-1　　　　人民公社时期农村公共服务机构一览表

服务机构名称	设立时间	定员	主要职能
农业技术推广站	1958年	3~5人	农业技术推广、新技术示范实验、农技人员培训、病虫害防治
农业机械管理站	1959年	3~5人	大型农业机械的管理、农业机械的维修与保养、农机使用安全监督、新型农机具推广技术人员培训
水利站	1961年	3~5人	农田水利建设规划、水利工程实施、中小型水利设施管理、水资源分配协调
经营管理站	1959年	5~8人	社队财务管理与监督、农村经济规划、集体财产管理
畜牧兽医站	1959年	3~5人	防疫检疫、疫情通报、畜禽医治、优良品种推广
供销合作社	1958年	30~50人	生产资料供应、生活资料供应、农产品统一收购、生化肥农药专营
粮管所	1958年	10~25人	粮食统一征购、粮食储存、粮食供应、粮食调拨
卫生院	1962年	10~20人	农村医疗保健、传染病防治、计划生育指导、卫生咨询与宣传

资料来源：笔者根据徐小青《中国农村公共服务》整理[①]。

1958年在全国铺开的人民公社运动，其规模是一乡一社。当时1.2亿农村家户（约5亿人）被整合进了2.6万个人民公社，超过90%的农民加入了人民公社。乡村生产和日常生活主要通过公共服务设施组织和开展，例如，农业技术推广站、农业机械管理站、水利站、畜牧兽医站、经营管理站等农业生产和农村经济服务机构；供销合作社，作为农村的唯一物资流通部门，负责农业生产资料和农民生活资料的供应；粮管站，负责粮食的统一购销、储存与调配。此外，还设立了文化站、广播站和卫生院，承担农民的精神文化服务和医疗保健服务职能[②]。

1958年的上海青浦红旗人民公社海报

---

① 徐小青. 中国农村公共服务[M]. 北京：中国发展出版社，2002.
② 程婧如. 作为政治宣言的空间设计——1958-1960中国人民公社设计提案[J]. 新建筑，2018（05）：29-33.

图 5-2 上海教育出版社 1958 年发表的《人民公社好》海报中的系列村庄公共设施[40]

《人民公社好》（图 5-2）描绘了完备的公共服务设施，包括托儿所、幼儿园、小学、图书馆、公共食堂、洗衣房、医院、妇产院、幸福院（养老院）、电影院、百货商店和红旗人民公社委员会。

在我国计划经济体制向市场经济体制转轨过程中，各地留存下来的人民公社时期的村庄公共设施情况各有不同。在发达地区，邻近城镇的乡村，由于土地价值攀升，对村庄闲置公共设施所占用地进行再开发的价值大，大多数闲置公共设施被拆除。而对于较为偏僻的乡村，特别是山地乡村，经济发展动力不足，土地价值不高，村庄闲置公共设施反而无人问津。再加上闲置公共设施的土地和房屋产权权属关系复杂，历史遗留问题较多，一些设施留存至今。在浙江台州黄岩山地乡村，闲置公共设施的数量和类型不同程度地存在。

5.2.3.2 产权大多归村集体或国有

村庄闲置公共设施的产权主要有三种类型：一是属于县（市、区）相关管理部门；二是属于乡、镇一级的政府；三是村集体所有。例如，大部分闲置的乡村小学归属于当地教育主管部门，粮站属于地方政府发改委系统，乡卫生院属于政府卫生管理系统，乡公所（乡政府办公所在地）及配套的食堂、职工宿舍属于地方乡、镇政府。由于各地情况不同，也存在产权归属相互交叉、共同拥有等复杂关系，甚至也有一些已经变更为私有，但总体上看，由于产权性质的国有或村集体所有，村庄闲置公共设施活化利用的可操作性较强。对于已经归属村集体的资产，可作为资产入股，今后通过使用或租赁收入，提高村集体收益。

5.2.3.3 属于建设用地

村庄闲置公共设施的建筑及其附属场地通常是建设用地性质。这给予活化利用改造带来了便利。由于不必占用农地，因而它是一种难得的用地资源，有利于结合村庄发展目标进行整体规划和价值赋能。在当前农田耕地保护极其严格的情况下，闲置公共设施用地将给发展乡村产业经济和注入新的功能提供了重要契机。

5.2.3.4 空间位置较好

当初为了更好地为全乡提供便利的公共服务，这些设施位于交通便利和服务半径较好的区位，且布局紧凑。它们与村民住宅等相比，空间区位条件更具优势。在当今城乡要素流动过程中，外部投资更加看好空间区位的价值，因此，这为设施的活化利用提供了更多可能性。

5.2.3.5 建筑质量和空间特征便于改造利用

尽管历经风雨，但是这些公共设施的建筑质量尚好。其主要原因是在人民公社时期高度组织的集体化生活状态下，建设者对国家财产怀着高度的责任心，工程质量有保障。总体来看，公共设施的建筑质量比同时期的村民住宅相对要好、结构相对牢固，空间体量大，内部空间灵活。通过合理、创新改造能够适应新用途。

5.2.3.6 具有地方风貌特色

村庄闲置公共设施是一定历史时期的产物，其建筑材料、建造工艺和审美特征等，反映了当时的科技水平和人文价值取向，是特定时期历史文化的物质载体，凝练成为地方风貌特色。建筑材料往往是就地取材，布局方式因地制宜。一些公共设施经过精心设计，在当时技术、材料和造价等多种限制条件下，呈现了设计者的智慧，是乡村建筑文化遗产的组成部分。

5.2.4 村庄闲置公共设施活化利用的必要性

5.2.4.1 符合资源节约和低碳原则

活化利用村庄闲置公共设施，可避免占用农田耕地，也不需再开辟新的建设用地，能够实现土地资源的集约利用。与新建建筑相比，节约了整理场地、拆除原有建筑物等相关费用，同时节省了新建主体结构的费用，缩短土建工程周期。不大拆大建，减少了产生拆除建筑的垃圾量，降低对环境的污染。这是低碳原则在乡村建设行动中的贯彻落实。反之，在不加评估、没有规划好的情况下，盲目拆除闲置公共设施是对资源的浪费，违背了节约资源的原则。

5.2.4.2 精准配置和民生保障

当前一些地区乡村公共设施供给仍然缺乏，供给与需求存在错配、资源浪费等问题。一些山地乡村，村庄数量多、分布广，社会经济发展相对滞后，对公共服务设施均等化配置带来巨大挑战①。《乡村振兴战略规划（2018—2022年）》也强调，要盘活农村存量建设用地，增加农村公共服务供给②。闲置公共设施的活化利用，有利于建设用地从"增量配置"向"存量盘活"转变，有利于公共设施的精准化配置，从而实现保障民生的目标。

5.2.4.3 要素流动促进乡村产业振兴

基于城乡要素流动建构城乡融合发展的目标，有针对性地改造活化利用村庄闲置公共设施和场地，注入新功能，发展乡村产业，增加集体经济。对于城市要素流入乡村的特点和需求，找到设施活化和利用的结合点，实现保护和改造利用双赢，不能顾此失彼。这是对闲置公共设施的创造性转化、创新性发展。通过"旧瓶装新酒"，活化闲置资源，培育乡村"造血机能"。村民实现在家门口就业创业，实现共同富裕。

5.2.4.4 文化赓续和特色传承

村庄闲置公共设施具有特定时期的历史性，也是"乡愁"的组成部分之一，因而有必要在乡村发展中予以保护、赓续、传承和创新，将其成为村庄特色的有机组成。活化改造利用，在旧有建筑物的载体上衍生出新的生命，使它们成为联系时代记忆的纽带，延续村庄传统的布局肌理，保留乡村地域风貌的美学形态，创造性地传承乡村空间文化内涵。这种有机更新的方式，使得村庄的整体风貌具有多样性的统一，在统一中具有多样性，呈现出村庄历史发展的年轮。

专栏5-2 村庄功能注入"旧瓶装新酒"

当下，浙江美丽乡村建设正在掀起新热潮。日前，浙江公布了第一批共100个未来乡村建设试点村。到2025年，全省将建设1000个以上未来乡村。此前，浙江深化"千万工程"建设新时代美丽乡村现场会，也对共同富裕大场景下的美丽乡村建设作出新的部署。

根据浙江省政府办公厅印发的《关于开展未来乡村建设的指导意见》，浙江省未来乡村建设的总体目标，是实现主导产业兴旺发达、主体风貌美丽宜居、主题文化繁荣兴盛。笔者认为，振兴乡村，浙江各地琳琅满目、多姿多彩的乡土文

---

① 万成伟，杨贵庆.式微的山地乡村——公共服务设施需求意愿特征、问题、趋势与规划响应[J].城市规划，2020，44（12）：77-86+102.

② 2018年9月26日，中共中央、国务院印发《乡村振兴战略规划（2018-2022年）》，提出"增加农村公共服务供给（第三十章），盘活农村存量建设用地（第三十三章第三节）"。

化特色，尤其应该用足用好用巧。

乡村振兴的突出优势在于乡土文化的独特魅力。要凸显乡土文化的特色，就应该充分挖掘乡村传统习俗和建筑特色，在乡村建设中避免一哄而上、生搬硬套、到处抄袭，减少低质"农家乐"和低端乡村旅游。即便是发展乡村旅游，也应当发展基于当地乡土人文特色的"文化旅游"。只有把乡土文化特色这张牌打好了，才能吸引来自城市的创客、游客、"淘金客"。因此，因地制宜培育多样化、富有乡土文化特色的产业功能就显得特别重要，比如"一村一品""一村一节"等。

发掘乡土文化特色，应注意用好"旧瓶装新酒"。无论是新的产业，还是新的功能，都应该注重用具有乡土风貌特色的"旧瓶"来装，形成特定的"乡愁"和文化印记。要围绕村庄改造、有机更新而承载创新业态。这样做，既可以保护和利用好原有特色传统建筑，又可以把特色乡土文化通过物质载体和产业功能"传下去"，使得村庄真正"活起来"。

从2013年以来，笔者在台州市黄岩区开展乡村振兴实践探索。因循"旧瓶装新酒"这一村落环境有机更新的模式，我们取得一定成效。通过把屿头乡沙滩村在20世纪七八十年代的老建筑加以改造和利用，使之承载了新的功能。比如，把"卫生院"改造成"同济·黄岩乡村振兴学院"北校区，"乡公所"改造成"枕山酒店"，"供销社"改造成学院的食宿区，"粮站"改造成适用技术集成应用的"粮宿"（乡村微型酒店），等等。这样，村庄老街的风貌犹在，但其创新业态已经赋能。

需要指出的是，"旧瓶装新酒"的有机更新模式，必须同时提升乡村的现代化宜居功能。通过"十四五"期间乡村建设行动，推进城乡同质的乡村基础设施建设，在医疗、教育等公共服务设施方面构建15分钟乡村生活圈，为乡村更有"精气神"提供基础支撑。

（引自："打好乡土文化特色牌"，作者：杨贵庆，《浙江日报》"思享者"专栏，2022年2月11日）

5.3 实践案例

5.3.1 黄岩区屿头乡沙滩村闲置公共设施活化利用的实践

5.3.1.1 沙滩村老街区块闲置公共设施分布

从2013年开始，同济大学黄岩乡村规划团队着手编制沙滩村美丽乡村规划并指导实施。针对村庄闲置公共设施分布特点和建筑质量，整体规划沙滩村未来发展，系统考虑设施活化利用和未来城乡要素流动下的新功能注入。历经10年不断实践，一批人民公社时期的闲置公共设施得以活化再生。沙滩村的实践，走出了一条通过活化利用村庄闲置公共设施带动乡村振兴的路径。

表5-2中列举了位于沙滩村老街区块8处闲置公共设施的具体信息。它们都是建于20世纪60—80年代人民公社时期，图5-3是设施具体分布图。规划提出了相应的活化利用策略，提出了最先启动改造设施的目标意向（图5-4）。

表5-2　　　　沙滩村老街片区闲置公共设施信息一览表[5]

编号	建筑年代	过去功能	现状功能	建筑结构	用地面积（km²）	建筑占地面积（m²）	建筑层数（层）	建筑面积（m²）
1	20世纪70年代	兽医站	闲置	砖木结构	0.05	115	2	230
2	20世纪70年代	电管站/国家电网	闲置	砖木结构	0.04	184	2	368
3	20世纪70年代	卫生院/职工住宿	闲置	砖木结构	0.06	302	2	604
4	20世纪70年代	乡公所（邮政局、信用社、广播站）	闲置/租赁做塑料制品厂	砖木结构	0.22	833	2	1666
5	20世纪70年代	供销社	闲置	砖木结构	0.08	333	3	999
6	20世纪80年代	供销社附属仓库	闲置/租赁做仓库	砖混结构	0.12	862	1	862
7	20世纪70年代	粮站（北）	闲置	砖木结构	0.04	207	2	414
8	20世纪70年代	粮站（南）	闲置	砖木结构	0.06	234	2	468

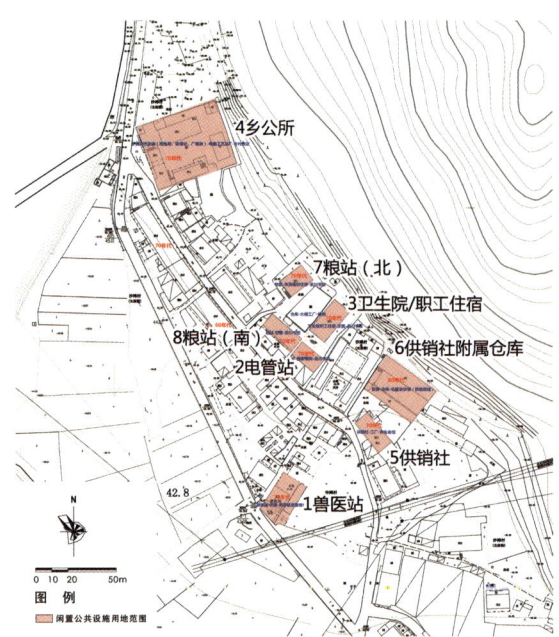

图 5-3　屿头乡沙滩村主要闲置公共设施分布图[5]

5.3.1.2　乡公所改造成为"乡府酒店"

乡公所是位于沙滩老街西北端入口处（图 5-3 标 4 的位置）。它的正大门朝向老街，这是一组在人民公社时期的公社所在地，共有 4 幢建筑，围合成一个院子。1982 年之后，人民公社改为乡。再之后，随着乡政府搬迁至集镇新区后，此处曾被租用为工艺品加工厂等用途，院内搭建简棚，环境设施脏乱。

活化利用的定位是作为乡村旅社。2013 年之前，因经济落后、交通闭塞，乡集镇区尚无宾馆服务设施。面对今后乡村发展，新增酒店宾馆功能十分必要。原乡公所建筑规整的平面划分，比较适合改造为标准客房。4 幢建筑可根据其特点改作接待、餐厅、住宿等不同功能。改造后由黄岩交通旅游投资集团负责建设和营运。它与会议培训中心的功能相互支撑，提升了沙滩村旅游接待能力。

改造采用因地制宜方式。室内需要大空间的地方则采用钢材框架结构进行结构转换。面朝老街的一幢建筑底层作为酒店大堂，二层作为餐厅。改造后的沿街立面保持了原有风貌，特别保留了混凝土立柱和石材托座、万年青图案的柱头（图 5-5）。内院拆除了大棚，采用老石板铺装地面，根据地形营造了一个下沉式小广场，并用绿化进行视野层次分割，增加了进深感。

5.3.1.3　供销社改造成为乡村振兴学院食宿区

供销社位于太尉殿东南侧（图 5-3 标 5），其北侧还有供销社附属仓库（图 5-3 标 6）。主立面和院落大门朝向沙滩老街。供销社建筑是三层框架结构，平屋顶，主体结构尚好，建筑质量一般，整体状况老旧，曾被改用做村办纸箱厂，之后处于闲置状态（图 5-7）。

活化利用的定位是作为乡村会议培训中心的配套食宿区。建筑现有结构适合划分住宿标间，在场地内增设餐饮设施。4A 级柔川景区发展起来之后，它也可作为景区整体服务配套的组成之一。

改造方法保留了建筑主体结构，把平屋顶改造为坡屋顶，既解决屋顶雨水渗漏，又与老街坡屋顶建筑风格一致。同时增设了入口披檐，改造入口门廊。外墙采用灰色调，与老街历史传统风貌相协调（图 5-7）。在院落当中增设了一处多功能厅，增加了空间层次，其屋顶平台也用作室外休闲活动的场

功能注入

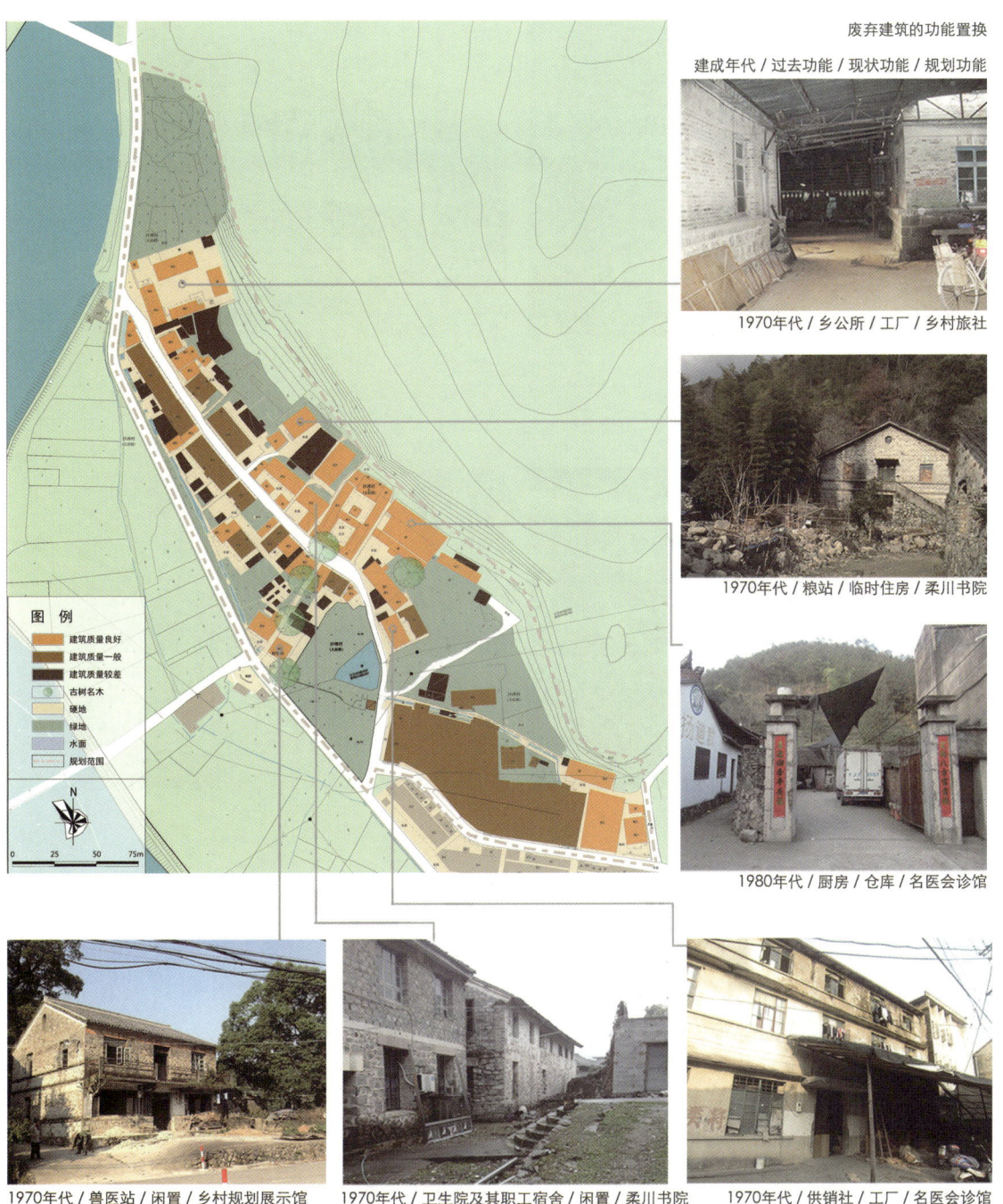

图5-4 沙滩村人民公社时期主要公共设施现状和功能改造意向[5]

改造前　　　　　　　　　　　　　　改造后

图 5-5　乡公所沿老街外观改造前后对照

图片来源：作者拍摄。

改造前（2013 年）　　　　　　　　　改造后

图 5-6　乡公所内院改造前后对照

图片来源：作者拍摄。

改造前　　　　　　　　　　　　　　改造后

图 5-7　供销社改造前后对照

图片来源：作者拍摄。

图 5-8 供销社改造后增设的屋顶活动平台
图片来源：作者拍摄。

所（图 5-8）。

5.3.2 黄岩区宁溪镇乌岩头村闲置公共设施活化利用的实践

5.3.2.1 打米场改造为"村民文化礼堂活动室"

废弃打米场位于乌岩头古村村口，进村道路南侧，与古桥隔五部溪而望。它原为村集体房屋，改造之前作为村里的打米场使用，但已弃置多年。由于是集体土地和建筑设施，而且建筑墙体、内部空间等都比较适合公共活动，因此，规划注入"村民文化礼堂活动室"的新功能（图 5-9）。

改造中保留了建筑原有的特色砌石墙体，对木屋架进行了质量检修和部分替换，为保证建筑内部采光在屋顶开设了两个玻璃天窗，并适当提高了屋架以满足使用的舒适性。同时，增加了自来水管网，室内卫生间，为室内多功能使用提供可能性。在正式作为"村民文化礼堂活动室"使用功能之前，该

改造前（2012年）　　　　　　　　　　　　　改造后（2017年）

图 5-9　打米场改造前后对比

图片来源：作者拍摄。

图 5-10　打米场改造后作为国际设计工作营使用

图片来源：杨贵庆教授团队提供。

图 5-11　打米场改造后作为村民文化中心使用
（传统文化节日端午节，村民代表包粽子慰问村中老人）
图片来源：黄岩区宁溪镇人民政府办公室提供。

处还作为村落整体改造的建设指挥部，作为同济大学黄岩美丽乡村规划教学实践基地的工作室，也作为规划图片展示并与村民交流规划改造意图的场所。2015年11月德国柏林工业大学和同济大学师生在乌岩头村举行"中德乡村人居环境可持续发展"设计工作营（图5-10）。目前，该场所已经正式成为村民文化礼堂使用。寒暑假这里已经组织了村庄少年儿童学习中心活动。图5-11是村民在中国传统文化节日端午节时组织村干部包粽子慰问村里老人的场景。今后，该处还可以作为对外招租开办茶室、咖啡吧等休闲娱乐的功能，增加村集体收入。

5.3.2.2　废弃老旧住宅改造为"泥塑工坊"

作为"功能注入"的另一个典型案例是将一处在村庄入口位置的院落老宅改造成为泥塑等艺术活动的工坊（图5-12）。该院落住宅的位置和规模正合适开展20~30人的活动，而泥塑、绘画、传统蜡染等类似的艺术活动，适合少年儿童在寒暑假到乡村田野，在感受体验大自然的同时学习中国传统文化艺术。这一"功能注入"是由出生于黄岩当地、目前在浙江省一所高校从事美术教学的老师及其团队所带来的。房屋的改造设计经过同济专家团队的修改认可，与传统村落整体保护和再利用规划相协调。原先房屋占地

改造前（2013年）

改造后（2016年）

儿童在泥塑工坊活动（2017年）

图5-12　废弃老旧住宅改造后作为"泥塑工坊"

图片来源：黄岩区宁溪镇人民政府办公室提供。

及其院落空间格局不做大的变动，建筑外部整体风貌与村落整体相协调，原先石墙在改造过程中均予以保留修缮，但房屋内部结构和布局均根据新功能进行重新划定，满足艺术活动组织的要求。改造后取名"见素"的这一艺术活动场所，为传统村落的活态再生注入了当代功能。

5.3.2.3 废弃老旧住宅改造为"呆吧"

"呆吧"是又一个"功能注入"的典型案例。位于村内沿溪中段原先一排破旧的民宅，规划将其作为与乌岩头古村旅游主题"民国印象"相配套的影视主题酒吧予以设计改造。室内功能围绕影视主题酒吧的活动而布局，同时可以容纳50人以上的茶饮咖啡或酒类需要，今后为各类乡村旅游活动提供场所。该项目由黄岩区和宁溪镇政府出资完成了建筑结构部分改造，并向社会招租经营，旋即得到青睐，并很快租赁出去。经营者获得了8年签约合同期，并投入资金进行内部装修。装修方案得到了同济规划团队的认可，从而与传统村落整体风貌和步行交通流线组织相协调。出于经营者自身的理念和爱好，将之取名为"呆吧"（图5-13，图5-14，图5-15），意为"逃遁"于快节奏的大都市生活，来到田野乡间放慢节拍甚至"发呆"，品茶喝酒享受大自然的惬意。这应该是传统村落活态再生的一种新的社会动力吧。

改造前的"呆吧"外观

改造后的"呆吧"沿溪流景观

图5-13 "呆吧"改造前后对比
图片来源：黄岩区宁溪镇人民政府办公室提供。

改造后"呆吧"入口装饰　　　　　　　　改造后"呆吧"室内的窗景

图 5-14　废弃建筑改造后作为"呆吧"使用

图片来源：作者拍摄。

图 5-15　改造后的"呆吧"室内一景

图片来源：宁溪镇人民政府办公室提供。

第 6 章 工作法之六：适用技术

按　语　本章将讨论"适用技术"的工作方法。"适用技术"的目的就是要全面提升乡村的宜居水平，逐步实现乡村现代化。由于生产力水平落后，长期以来我国乡村生产、生活的整体技术水平较低，大量农村住宅的居住舒适度、村庄基础设施水平等还处在较落后阶段，老房子的厨卫设施无法满足当代人对于现代化生活水平的需求。再加上过去落后生产力所形成的大家庭社会关系及其村落居住空间形态，已无法适应当代人的核心家庭结构和现代生活方式，大量传统乡村人居空间面对"无可奈何花落去"的窘境。如何既要学习古人建造村落人居环境的生态智慧，保护和利用好传统村落的珍贵遗产，又要使之满足当代人对于现代生活的需要？这就要求采用"适用技术"来改造和提升传统乡村人居品质，因地制宜地开发"宜居"的系统技术方案和技术产品，指导当下的乡村建设行动，实现乡村生活高品质。

6.1　适用技术工作法要点

6.2　适用技术提升乡村建设水平
6.2.1　适用技术的发展
6.2.2　低碳目标下的乡村建设适用技术
6.2.3　乡村建设适用技术类型和要素
6.2.4　乡村建设适用技术的选用

6.3　实践案例
6.3.1　适用技术在黄岩区屿头乡沙滩村的应用
6.3.2　适用技术在黄岩区宁溪镇乌岩头古村的应用

6.1 适用技术工作法要点

"适用技术"是指在尊重当地地形地貌、气候条件、建筑材料和传统建造工艺基础上进行适应性改造提升的建造技术，以满足宜居要求，它并非指昂贵的技术。

"适用技术"工作法的主要思路是：精心选择一处规模适宜的村庄闲置公共设施，采用相应的建筑适用技术对其加以改造和再利用，从而建成一个在地化的、可参观学习交流的案例。同时，从单个建筑拓展至村庄，提出"宜居"的系统化技术方案。通过编制技术导则，以低碳、净零碳的努力方向，引导乡村建设向绿色可持续发展方向逐步迈进。

"适用技术"的广泛应用是一个重要发展方向。无论从乡村基础设施、房屋建造水平等来说，我国乡村离开现代化水平还有较大差距。在我国目前特定生产力发展水平阶段，相比经济发达国家，我国乡村建设资金和技术条件有限，必须采用"适用技术"渐进式地改善居住条件，提高宜居水平。通过黄岩乡村实践探索，促进我国乡村建设应用适用技术政策的顶层设计，为我国新时代乡村现代化发展提供技术支撑。

适用技术法包括以下4个工作要点（图6-1）。

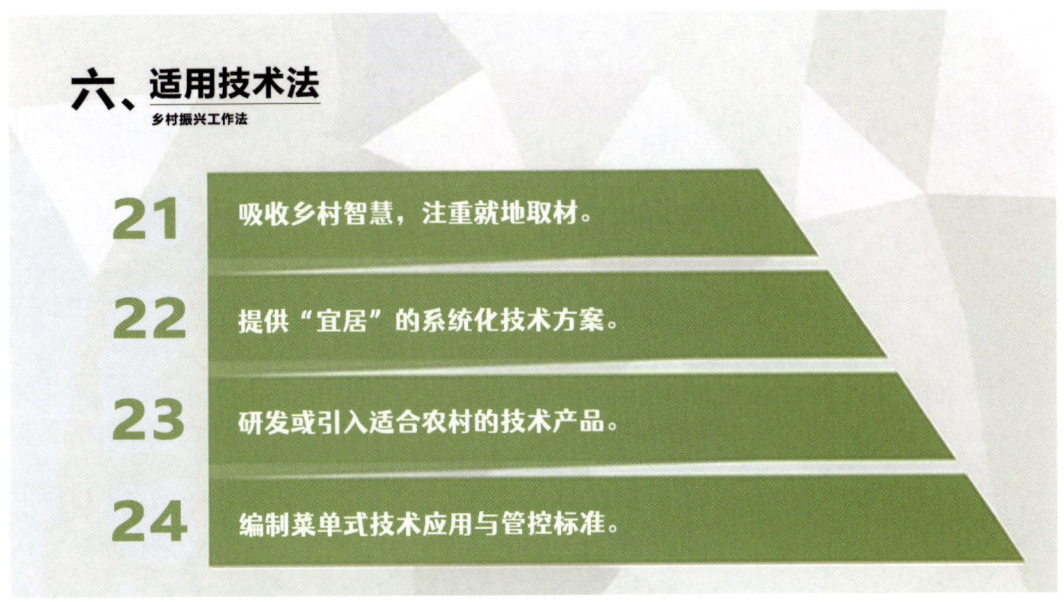

图6-1 适用技术法的4个工作要点[1]（制图：梁晨）

（1）吸收乡村智慧，注重就地取材。
（2）提供"宜居"的系统化技术方案。
（3）研发或引入适合农村的技术产品。
（4）编制菜单式技术应用于管控标准。

> **专栏 6-1　适用技术引入乡村的探索和实践**
>
> 杨贵庆教授及其团队利用同济的研发优势，不断寻找和导入适用于乡村改造的建筑技术、建筑新材料，探索适用于中国乡村振兴的地方村庄建设风貌导则，让调研组印象深刻。
>
> 村居建筑的适用技术需求广泛，如太阳能屋顶、节能门窗、雨水收集利用、墙体材料、地下水利用、污水处理等。在杨贵庆团队指导下，当地一方面注重就地取材，如村庄路面的改造基本采用当地自然石材、植草砖、碎石等透水性强的材料，并塑造斜坡、利用地形迅速排放雨水并收集雨水。对古村中的原本地砖进行适当改造，使其变成性能完好、与周围景色合二为一的路面材料，等等。
>
> 另一方面注重适用技术的引入。为适应性改造沙滩村一座人民公社时期谷物仓库，将其改造成具有宾馆功能的"粮宿"，杨贵庆团队导入了十项适用技术，分别用于解决地面防潮、墙体隔热保温、雨水循环利用、污水处理、生物质能等乡村改建中的问题。一些技术受到德国乡村民居适用技术的启发，并加以引进和示范，价格适宜，功能优良。
>
> 适用技术的导入，是确保乡村建设质量提升的前提，为此，杨贵庆团队和当地合作，编制完成了《黄岩村庄建设风貌控制技术导则》《黄岩村庄建设风貌控制管理办法》，形成菜单化技术应用和管控模式。
>
> （引自："黄岩报告：乡村振兴工作法"，作者：瞭望智库研究员 吴亮 王先知 里雨曦。《财经国家周刊》，2018年第7期，28）

6.2　适用技术提升乡村建设水平

6.2.1　适用技术的发展

6.2.1.1　必要性

乡村人居环境改善亟需适用技术支撑。在新时代，乡村人居环境改善成为乡村振兴的重要议题。之前有统计资料显示：至2016年年末，在全国7.63亿村庄人口、52.6万个自然村中,有 31.3% 的自然村仍没有实现集中供水,80% 的自然村不能对生活污水进行处理,35% 的自然村仍无法对生活垃圾进行有效处理[①]。这些年这一状况得以改善,但仍挑战很大。面对我国乡村人居环境急需改变原始、低效、粗放发展的格局,亟需提倡适用技术的理念,制定适用技术政策,指导美丽乡村规划建设科学发展,满足乡村人民对日益增长的美好生活需要。一方面,随着科技的蓬勃发展,我国研究了大量技术手段,但部分技术缺少适用性而得不到利用;另一方面,乡村环境整治中问题很多,却又缺乏技术处理,在规划建设中需要匹配集成运用,不同地域的乡村所采用的适用技术程度需针对自身条件来进行选择。

6.2.1.2 相关研究和实践

法国技术哲学家雅·埃吕尔(Jacques Ellul)[②]在 1954 年首次提出了适用技术这一概念,1975 年印度学者雷迪(Amulya Reddy)[③]对"适用技术"理论做了比较全面的阐述,目前流传广且影响较大。随着全球生态问题的凸显以及可持续发展思想的影响,国际上新的适用技术理论也在不断被提出。比较有影响的理论还包括英国经济学家舒马赫(E.F.Schumacher)提出了"中间技术"(Intermediate Technology)理论[④]。英国学者丹皮特·杰克逊(D.Jackson)[⑤](1974)提出了"替代技术"(Alternative Technology)论。日本技术论专家星野芳郎[⑥](1980)提出了"多样性技术"(Diversity Technology)理论。

随着适用技术的发展越来越受到关注,国内学者提出了各具特色的适用技术理论。许志晋等[⑦](1996)认为"适用技术"(Appropriate Technology)是一个发展着的概念。苏振锋等[⑧](2004)认为适用技术具有随目标的变动性、时变性、区域性、高效性、生态性、人文性等特点。为避免不顾当地生产力水平和经济条件,盲目采用虽然先进但十分昂贵的技术,杨贵庆等[⑨](2015)认为适用技术是因地制宜地采用地方传统技术优势、地方材料和建造工艺进行建设的技术。

---

① 苏振锋.西部民族地区发展适用技术研究[M].陕西人民出版社,2011.
② Ellul J. The Technological society[M]. trans. John Wilkinson. NewYork:Alfred A. knopf, 1964.
③ 林乐芬.发展经济学[M].南京:南京大学出版社,2007.
④ E·舒马赫.小的是美好的[M].北京:商务印书馆,1985:121.
⑤ Jackson D. Alternative Technology and the Politics of Technical Change.London Foutana Origind.1974,123–125.
⑥ 星野芳郎(日).毕晓辉、董守义译.未来文明的原点[M].哈尔滨:哈尔滨工业大学出版社,1985.
⑦ 许志晋,徐宪春,冯丹纯.适用技术理论历史发展评析[J].科学学研究,1996(4):20–23.
⑧ 苏振锋,翟淑君.适用技术概念与其它技术概念之比较[J].云南科技管理,2004,17(4):51–53.
⑨ 杨贵庆,等.黄岩实践:美丽乡村规划建设探索[M].上海:同济大学出版社,2015.

国内学者还对适用技术的应用进行了研究。马昕[1]（2011）对陕西省农村基础设施建设适用技术进行了研究，通过探索建筑材料的环境属性，建立基于适用技术推广实施的农村基础设施建设框架体系。芮玮玮等[2]（2010）介绍了针对我国夏热冬冷地区在墙体、窗户、屋面等部位的建筑节能保温的一些适用技术及其优缺点。阮晓卿等[3]（2012）针对江苏不同地区的地域性差异，提出了适用于不同地区的典型农村生活污水处理组合工艺。

总体而言，国内外对适用技术的研究既有共性又有差别。适用技术的研究在西方国家和地区起步较早，相对完善，并从全球生态和可持续发展角度对适用技术的应用提出了建议（图6-2）。我国对适用技术的研究呈蓬勃发展之势，但尚未形成完整的理论体系，在适用技术概念的理解、认识和界定上多样；适用技术的应用研究主要集中在特定地区、建筑单体层面或某类建筑上。

图6-2　德国乡村村民住宅适用技术的应用
图片来源：杨贵庆教授团队提供。

[1] 马昕. 陕西省农村基础设施建设适用技术研究[D]. 西安建筑科技大学，2011.
[2] 芮玮玮，应迅. 村镇住宅建筑节能的适用技术研究[J]. 建筑节能，2010, 38（2）：67-70.
[3] 阮晓卿，蒋岚岚，陈豪，等. 江苏不同地区典型农村生活污水处理适用技术[J]. 中国给水排水，2012, 28（18）：44-47.

6.2.2 低碳目标下的乡村建设适用技术

在生态文明建设背景下,基于低碳目标,提出美丽乡村规划建设适用技术的目标,具体包括三类:首先有利于村庄安全防灾;其次有利于村庄环境改善、降耗节能;第三有利于乡村风貌保护和提升。

6.2.2.1 在村庄安全防灾方面

通过适用技术的运用,使得村庄选址能够"趋利避害",空间及设施布局能够降低、阻断灾害、安全疏散和应急避难,并通过有效的措施预防或减弱火灾、水患、地质灾害等自然灾害产生的影响。

6.2.2.2 在村庄环境改善、降耗节能方面

通过适用技术的运用,能够减少污水、垃圾以及其他固体废弃物的排放和污染,综合利用本地资源、能源,促进资源再利用和以水体、垃圾废物、公厕等为主要内容的环境整治,实现村庄生产、生态、生活环境的和谐共生。

6.2.2.3 在乡村风貌保护和提升方面

通过适用技术运用,能够对具有历史文化保护价值的传统古村落进行重点保护,对村落中的街巷格局、广场、古树、祠庙等特色要素进行梳理,对其传统空间样式、地方建造工艺、材料进行提炼、挖掘,实现山水、村居风貌特色的创造性转化和创新性发展,更好地体现乡愁记忆。

6.2.3 乡村建设适用技术类型和要素

适用技术包含多种技术类别,某些类别可进一步细分,不同类别包含不同的技术要素。同时适用技术具有一定的时间性,随着时间的推移,技术环境的变化,相应的具体适用技术也随之发生变化。为了将具体的技术要素与城乡规划和建筑设计有机结合,我们将适用技术类型分为规划技术和建筑技术两大类别。并结合当前美丽乡村规划建设的实际,对其技术要素进行举例说明。

6.2.3.1 规划适用技术

规划适用技术类别构成。参考《美丽乡村建设指南》(GB/T 32000—2015)[①]以及部分省市近年发布的村庄规划编制导则要求,并考虑到美丽乡村建设面向村庄层面的可操作性,将规划适用技术分为村庄建设空间布局技术、旧村整治与村庄历史文化保护技术、基础设施技术、村庄安全与防灾减灾技术、村庄风貌景观引导技术五部分。其中,基础设施技术包含道路工程、供水工程、污水处理、粪便处理、垃圾处理和生活用能六方面内容。具体见表6-2技术类别列。

根据当前的建设实际和相关研究对各个技术类别的典型技术要素进行举例,具体见表6-1。主要规划适用技术集成应用示例见表6-2和表6-3。通过规划适用技术的集成运用,可在规划层面取得良好的经济、社会和环境效益。

---

① 中华人民共和国国家质量监督检验检疫总局,中国国家标准化管理委员会.GB/T 32000—2015[S].2015.

表 6-1　　规划适用技术要素分类举例及其适用性分析

技术类别		技术要素举例	经济适用性			社会适用性			环境适用性		
			高	中	低	高	中	低	高	中	低
村庄建设空间布局		用地适宜性评价	●			●			●		
		建设用地界线划定		●		●			●		
		建设布局方案	●			●			●		
旧村整治与村庄历史文化保护		旧村整治方案		●		●			●		
		历史要素评价		●		●			●		
		特色要素总体引导		●			●		●		
基础设施	道路工程	弹石路面	●				●		●		
		轮迹路面	●				●		●		
		沥青混凝土路面		●			●		●		
		水泥混凝土路面	●				●			●	
	供水工程	小型水厂		●		●			●		
		蓄水池	●			●			●		
		雨水收集利用技术	●			●			●		
		中水利用技术		●		●			●		
	污水处理	分散式污水处理（如：人工湿地、土地快速渗滤技术、人工浮岛处理技术、净化槽处理技术、稳定塘处理技术）	●			●			●		
		集中式小型污水处理		●		●			●		
	粪便处理	生态厕所	●			●			●		
	垃圾处理	分类收集	●			●			●		
		有机堆肥	●			●			●		
		建筑材料再利用	●			●			●		
		压缩填埋	●			●			●		
		焚化利用		●			●		●		
	生活用能	太阳能		●			●		●		
		生物质能（如：沼气池、秸秆气化等）	●			●			●		
		风能		●		●			●		
村庄安全与防灾减灾		防洪防涝措施	●			●			●		
		防风、雪减灾	●			●			●		
		地质灾害防治		●		●			●		
		消防措施	●			●			●		

技术类别	技术要素举例	经济适用性			社会适用性			环境适用性		
		高	中	低	高	中	低	高	中	低
村庄风貌景观引导	街巷格局与肌理分析		●		●			●		
	村庄天际线控制		●			●			●	
	建构筑物色彩控制		●		●			●		
	传统建筑要素提炼与运用		●		●			●		
	传统形式下现代材料的运用与创新	●			●			●		
	本土材料与植被使用	●			●			●		

资料来源：杨贵庆教授团队。

表6-2　　　　　　　　　　　　　乡村适用技术应用列举

技术类别		技术要素举例
规划适用技术	村庄建设空间布局	用地适宜性评价，建设用地界线划定，建设布局方案
	旧村整治与村庄历史文化保护	旧村整治方案，历史要素评价，特色要素总体引导
	基础设施　道路工程	弹石路面，轮迹路面，沥青混凝土路面，水泥混凝土路面
	供水工作	小型水厂，蓄水池，雨水收集处理技术，中水利用技术
	污水处理	分散式污水处理（如：人工湿地、土地快速渗滤技术、人工浮岛处理技术、净化槽处理技术、稳定塘处理技术），集中式小型污水处理
	粪便处理	生态厕所
	垃圾处理	分类收集，有机堆肥，建筑材料再利用，压缩填埋，焚化利用
	生活用能	太阳能，生物质能（如：沼气池、秸秆气化等），风能
	村庄安全与防灾减灾	防洪防涝措施，防风、雪灾减灾，地质灾害防治，消防措施
	村庄风貌景观引导	街巷格局与肌理分析，村庄天际线控制，建构筑物色彩控制，传统建筑要素提炼与运用，传统形式下现代材料的运用与创新，本土材料与植被使用
建筑适用技术	建筑形体	建筑体形系数控制，自然通风，自然采光，乡土风貌特色
	建筑围护结构　墙体	外墙保温隔热系统，新型墙体技术，功能性涂料，垂直绿化
	门窗及遮阳	门窗节能技术，遮阳系统
	屋顶	屋顶保温隔热技术，屋顶防水技术，屋顶绿化节能技术
	地面	地坪防水技术，地坪密封和保护技术
	建筑能源设备	生活污水处理技术，雨水收集利用技术，地源热泵系统，太阳能利用技术，绿色照明技术

资料来源：杨贵庆教授团队。

表 6-3　　　　　　　　　乡村建设适用技术（道路市政类）举例及其应用层面

类别	技术类型	适用层面
道路工程	弹石路面、轮迹路面	村庄（居民点）
	渗透性沥青路面	乡域、村域
供水工程	雨水收集利用技术	村庄（居民点）
	中水利用技术	村域
污水处理	分散式污水处理（人工湿地、土地快速渗滤技术、人工浮岛处理技术、净化槽处理技术、稳定塘处理技术）	村庄（居民点）、村域
	集中式小型污水处理厂	乡域
垃圾处理	分类收集	乡域、村域、村庄（居民点）
	有机堆肥	乡域、村域
	建筑材料利用、压缩填埋	乡域
生活用能	太阳能，生物质能（沼气池、秸秆气化、旱厕技术）	村庄（居民点）、村域
	风能	乡域

资料来源：杨贵庆教授团队。

6.2.3.2　建筑适用技术

建筑适用技术类别构成。在建筑层面，结合建筑空间设计、建筑构件构造、建筑材料、设备及建筑风貌等方面内容，将建筑适用技术分为建筑形体、建筑围护结构和建筑能源设备三类（表6-4）。

建筑适用技术要素举例。根据当前的建设实际和相关研究对各个技术类别的典型技术要素进行举例，具体见表6-4技术要素举例。表6-4还列出了主要建筑适用技术集成应用示例。通过建筑适用技术的集成运用，可在建筑层面取得良好的经济、社会和环境效益。

6.2.4　乡村建设适用技术的选用

基于可持续发展框架，适用技术的选用需从经济、社会、环境三个角度考量，实现适用技术、规划和建筑设计、建造过程以及特定村庄的经济、社会、环境等特征的相互适应[15]。在此基础上，考虑技术系统的完整性，通过技术系统的相互配合，发挥技术要素的最大效用。如在村庄建筑保温隔热处理中，既要考虑墙体的保温隔热，同时还需对屋顶、门窗的保温隔热措施进行适当考虑。

6.2.4.1　经济角度

需注重适用技术运用的经济投入以及产出效益，进行综合衡量。经济投入方面，我国东、中、西部地区经济发展水平差异较大，

表 6-4 建筑适用技术要素分类举例及其适用性分析

技术类别		技术要素举例	经济适用性			社会适用性			环境适用性		
			高	中	低	高	中	低	高	中	低
建筑形体		建筑体形系数控制	●				●		●		
		自然通风	●			●			●		
		自然采光	●			●			●		
		乡土风貌特色	●			●			●		
建筑围护结构	墙体	外墙保温隔热系统	●			●			●		
		新型墙体技术	●			●			●		
		功能性涂料		●		●			●		
		垂直绿化	●			●			●		
	门窗及遮阳	门窗节能技术		●		●			●		
		遮阳系统		●		●			●		
	屋顶	屋顶保温隔热技术	●			●			●		
		屋顶防水技术	●			●			●		
		屋顶绿化节能技术	●				●		●		
	地面	地坪防水技术		●			●			●	
		地坪密封和保护技术		●			●		●		
建筑能源设备		生活污水处理技术	●			●			●		
		雨水收集利用技术		●			●		●		
		地源热泵系统	●			●			●		
		太阳能利用技术		●		●			●		
		绿色照明技术	●			●			●		

资料来源：杨贵庆教授团队。

对东部发达地区乡村可能并不昂贵的技术，对于西部乡村地区来说可能在经济上难以承受。又如，太阳能屋面板可以结合乡村公共设施大面积设置，而对于普通农户从经济成本上并不一定完全适用；经济产出效益方面，如果适用技术的采用能够有利于地方经济发展，为一段时期内经济增长的数量和质量带来新的动能，因此从经济角度也应鼓励适用技术的应用。

6.2.4.2 社会角度

需注重适用技术运用与社会文化发展的阶段特征、公众意愿以及历史价值要素的关系，制定相应措施，施行精准化的应用对策。适用技术运用应充分考虑在村落行政管理、教育培训、医疗卫生、文体娱乐、建设及环境管理等具有村庄公共服务功能的场地和建筑中进行应用，最大化地通过村落建设发展和管理、村民权利保障和日常交往、公共活动等服务于村民。同时，在一些重要的历史文化村落、少数民族特色村寨和民居，因为其具有更高的历史、艺术等社会文化价值，需要更加全面地慎重考虑适用技术的应用。

6.2.4.3 环境角度

适用技术应在保护环境和资源利用的条件下，因地制宜选用。应当注重村落整体空间格局与周边自然山水的相互关系，充分尊重先人关于"风水理论"中朴素的科学原理和选址智慧，同时，注重整体风貌特色的塑造和协调，对重点街巷空间和场所节点进行打造。对有条件的村落，可以考虑如将架设电线改造为地埋方式等提升街巷空间环境品质。对于村民住宅而言，应根据各地不同的气候条件，分别采用符合地方建筑材料和建筑工艺特点的方法，对其墙体、屋顶的保温、隔热、防水等方面进行适用技术处理。

6.3 实践案例

6.3.1 适用技术在黄岩区屿头乡沙滩村的应用

6.3.1.1 村庄建设空间布局技术

在沙滩村的应用中，村庄建设空间布局技术具有较高的经济、社会和环境适用性，是沙滩村美丽乡村建设的基础。沙滩村村庄建设空间布局技术重点采用了用地适宜性评价、建设用地界线划定和建设布局方案三项。通过用地适宜性评价分析技术，将村庄生产、生活安全作为基本目标，考虑地形的坡度、坡向和高程以及农田保护等，将村庄用地进行分类，为节约用地和集约用地奠定基础。建设用地界线划定为村庄建设空间布局提供场地限定条件，首先确保建设用地位于适宜建设用地范围之内，同时有利于村庄集中发展，与现有村庄建设用地形成良好衔接。对建设用地周边山体坡度较大区域进行加固，防止滑坡、崩塌等，规划防护带。建设布局方案重点考虑通风、采光和交通流线，对各类设施进行布局。沙滩村适于建设的用地大部分面向南向，主要规划为住宅用地；对于不利于住宅用地朝向的区域，规划布置旅游项目以及公共服务设施等非住宅用地。总的来说，沙滩村通过用地适宜性评价、建设用地界线划定和建设布局方案确定，尽可能地减少因环境改变或破坏造成的经济投入、尊重村民建设意愿，促进村庄健康发展。

6.3.1.2 旧村整治与村庄历史文化保护技术

沙滩村旧村整治与村庄历史文化保护技

术重点采用了旧村整治方案、历史要素评价和特色要素总体引导三项，是沙滩村美丽乡村建设的关键。沙滩村历史悠久，历史要素丰富，规划将沙滩老街所在旧村作为服务区域旅游的活动功能板块进行整体打造，与此同时对其特色要素进行提炼和提升。规划建设中，对老村中不同历史要素进行梳理，将老村中四棵800多年历史的古樟树进行节点式保护。对老街保留较为完好的老卫生站、粮油站、兽医站等20世纪六七十年代建筑进行改造和再生利用。通过对村庄乡土文化及道教、儒家等特色文化要素的梳理，结合旧村整治，以功能更新的方式将特色要素与乡村旅游、教育培训等产业相结合，提升原有村庄整体活力。沙滩村旧村整治与村庄历史文化保护技术的应用在前期经济投入的基础上，通过要素评价、梳理和保护，提高村民的历史认知和文化认同，提升村庄的整体环境。

6.3.1.3 基础设施技术

沙滩村基础设施技术主要包括道路工程、供水工程、污水处理、粪便处理和垃圾处理五个方面，为沙滩村美丽乡村建设提供了经济适用的基础设施支撑。在道路工程方面，沙滩村村庄内部主要街巷在规划建设中逐步恢复传统老街的步行功能，将机动车交通集中在主街巷的外围，街巷及停车设施的铺地结合不同等级、功能的需要，在满足道路、场地硬化要求下，最大化地利用当地的材料进行路面铺装，并充分考虑生态透水等功能（图6-3）；长期以来，沙滩村村民使用旱厕，通过建设，在村落中心广场一侧新建了整洁的水冲式生态化厕所（图6-4）；在供水工程方面，在村庄居民点外围建设生态化蓄水池，通过净化措施后通过自来水管道引入各家各户；在污水处理方面，在村庄主要街巷的地下铺设排水管网，生活污水统一汇入小型污水处理厂集中处理，改善了村

图6-3 沙滩村步行街巷建成效果
图片来源：杨贵庆教授团队提供。

图6-4 沙滩村庄生态化厕所建成效果
图片来源：杨贵庆教授团队提供。

图 6-5 沙滩村街巷市政基础设施管网建设
图片来源：杨贵庆教授团队提供。

落空间的整体环境氛围（图 6-5）；在垃圾处理方面，村庄强化垃圾分类收集措施，将村庄内的垃圾桶分为"可烂、不可烂"两种，并建立村庄垃圾清扫、转运的长效机制。在沙滩村东侧，建立垃圾有机堆肥再利用设施和小型垃圾压缩转运站一处，提高了村庄垃圾处理能力。沙滩村基础设施技术的运用具有较好的综合经济效益、村民的认可度较高，同时污水处理、粪便处理和垃圾处理等措施提升了村庄环境品质。

6.3.1.4 村庄安全与防灾减灾技术

沙滩村村庄安全与防灾减灾技术重点采用了防洪防涝措施和消防措施两项，为美丽乡村建设提供了安全保障。规划建设中，通过将原有水塘、水系改造和疏浚，提升村庄防洪防涝能力（图 6-6，图 6-7），同时考虑了景观环境效果和经济成本。如天云塘建设改造中，利用村落原有的荒废地、低洼地，在水系疏浚的同时将水面适当扩大，结合地形特征形成缓坡堤岸，堤岸的材质选择地方卵石铺砌与草皮相间布置，利于场地排水和雨水汇集。通过将部分原有老旧危房进行治理、拆除，打通村庄中心至外围乡道的通路，并结合太尉殿形成中心广场一处，有利于村庄消防和应急疏散，也是集会活动广场。通过防洪防涝和消防措施，用地方材料，在美化环境的同时，以较少的经济投入，疏浚村庄水系、治危拆违，获得了良好的经济、社会和环境效应。

6.3.1.5 村庄风貌景观引导技术

沙滩村村庄风貌景观引导技术重点采用了街巷格局与肌理分析、传统建筑要素提炼与运用、本土材料与植被使用四项，成为美丽乡村特色塑造的关键。在沙滩村的规划设计中，其空间布局形态始终延续并传承了原有老村的布局肌理和历史特征。通过沙滩老街的整治形成完整而连续的主体街巷空间序列，其街巷宽度、高度及其比例、街巷界面等得到了较好的控制。对地方传统建筑特色要素进行系统梳理和提炼（图 6-8）。在保

图 6-6 沙滩村村庄水塘整治效果
图片来源：杨贵庆教授团队提供。

图 6-7 沙滩村水系疏浚效果
图片来源：杨贵庆教授团队提供。

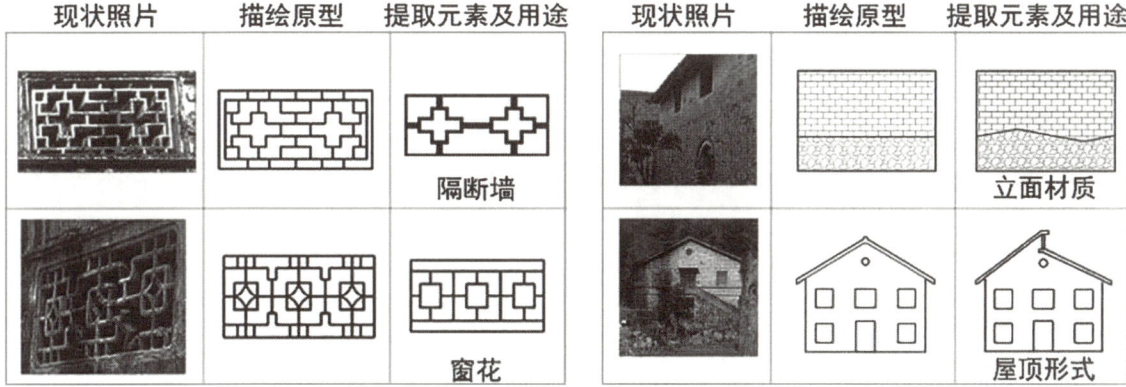

图 6-8 沙滩村乡土要素提取图及应用
图片来源：杨贵庆教授团队提供。

护村庄古树的同时，对当地现有的果林、竹林、菜地等环境要素进行保护和整治，在继续发挥其经济价值的同时形成特色景观。此外，还用当地大石板对社戏广场、主街等场地进行铺砌，将人工环境与自然环境相结合，形成新的户外景观活动空间。在沙滩村村庄风貌景观引导技术的应用中，街巷格局与肌理控制、传统建筑要素提炼与运用等技术的运用综合了近远期经济利益，取得良好的综合效益，得到村民的认可。

6.3.1.6 建筑适用技术应用——"粮宿"

在建筑围护结构和建筑能源设备技术应用方面，规划建设中对沙滩村中"高端"民宿——"粮宿"建筑进行了集成应用，在经济投入和综合经济效益、社会影响以及生态能耗控制方面均具有较好的经济、社会和环境适用性。其中建筑围护结构技术重点针对屋顶、墙体、门窗、地面四个方面，图 6-9，图 6-10，图 6-11）。

（1）屋顶适用技术。在改造中，对原

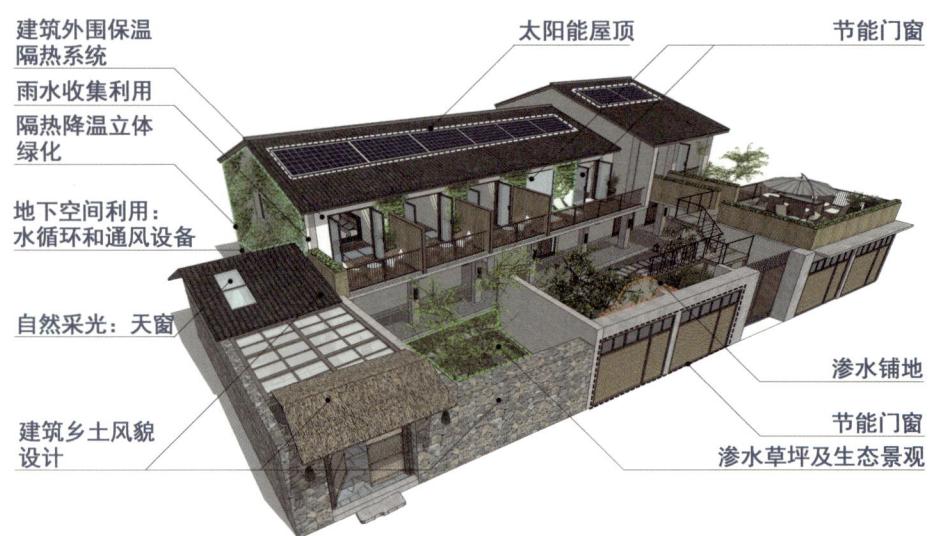

图6-9 适用技术在"粮宿"建设中的应用解析图
图片来源:杨贵庆教授团队提供。

图6-10 适用技术应用宣传页
图片来源:杨贵庆教授团队提供。

图 6-11　适用技术的研究与实施
图片来源：杨贵庆教授团队提供。

坡屋顶进行整修，在保留原坡屋顶骨架基础上，剔除腐烂的木梁，按新的承重要求补充部分新的木梁，在此基础上重新铺放双层 30 毫米木纤维板、满浇筑 30 毫米细砂混凝土、刷耐候性防水涂料、粘贴薄抹灰保温层、挂瓦条，并铺上当地原有灰瓦片，较好地解决漏水和保温性能差的问题。

（2）墙体技术。在保护风貌的基础上进行修复。在墙体外侧喷涂无色混凝土砖石保护剂，对原有石材、砖墙起到较好的防护作用。在墙体内侧，对原砖石墙体进行修葺，清理砖缝、石缝进行清理并用水泥砂浆进行填充；加薄抹灰保温层，并喷涂防水涂料后用柔性腻子找平，滚刷环保型耐沾污、耐霉菌水性涂料。在解决建筑外立面风貌保护、外墙保温和防潮问题的同时，解决山区民宅背阳墙面由于墙面和室内空气温差容易产生结露现象进而滋生霉菌的问题。

（3）门窗技术。建设中采用中空断桥双层低辐射铝合金门窗，有效减少因为门窗产生的冷热传导而导致的室内外热量频繁交换，以降低能耗损失；同时门窗具有较高的隔音性能，以提升室内的舒适度。

（4）地面技术。对原有室内地面进行清理，在混凝土地面基础上，铺设防潮、防水层，解决因山地多雨地区带来的室内泛潮问题。

（5）建筑能源设备技术。在供暖和制冷方面，粮宿计划采用地源热泵技术，利用地下土壤巨大的蓄热蓄冷能力在冬季和夏季为室内提供适宜的温度环境。在建设中，还通过在屋顶设置雨水收集管道，将雨水汇入蓄水设备，可用作绿化用水。

黄岩区屿头乡沙滩村"粮宿"是通过采用适用技术改造旧建筑的示范案例[1]。建筑原来是屿头乡人民公社时期的谷物仓库（粮

---

[1]　杨贵庆. 乡村筑梦——同济·黄岩乡建十年图记 [M]. 上海：同济大学出版社，2022.

站），经过改造现在成为具有住宿功能的乡村精品民宿酒店。同济大学杨贵庆团队和德国包豪斯大学、纽伦堡技术大学教授合作指导，综合采用了适用技术系统方案，包括建筑内部地面防潮、墙体隔热保温、老石墙防水除湿、雨水收集利用、污水有效处理、生物质能利用等一系列技术。项目牵头单位同济大学美丽乡村规划教学实践基地、同济大学新农村发展研究院中德乡村人居环境规划联合研究中心，并与黄岩区农业农村局、屿头乡人民政府合作完成，得到了德国巴斯夫（上海）公司的技术支持。

沙滩村"粮宿"项目包括"规划篇"和"实践篇"两部分。其中"规划篇"提出了适用技术系统化方案，包括"建筑形体、建筑围护结构、建筑能源设备"三大技术类别，共例举了20个技术要素。具体是否采用需要考虑其"经济适用性、社会适用性和环境适用性"。"实践篇"根据原来粮站建筑的特点，综合选用了系列改造措施，室外改造和室内装修通盘考虑。"粮宿"的实践，项目规模虽小，但对我国乡村闲置公共建筑设施再生利用、提高宜居性等方面探索了一条低碳绿色的改造路径。

6.3.2 适用技术在黄岩区宁溪镇乌岩头古村的应用

6.3.2.1 停车场地面生态化铺装

为了满足今后村民和游客的停车需求，新建一处停车场。选址邻近村口，北靠山体，与新建村的入口广场相对（图6-12）。停车场地面铺装采用透水地面，在浇筑混凝土地面时预留渗水孔，直径0.1米，间距1米，满铺。停车场地面采用多孔植草砖，使得雨水能够渗透地面，同时可美化停车场的视觉环境。对于现状存在的地面高差，规划采用坡道与竹林带进行场地的划分，挡土边界采用当地石材，对于植草砖与坡道的硬质地面交接处采用溪坑小卵石作为衔接，体现了乡土特色。

6.3.2.2 街巷地面和栏杆的地方材料运用

村落环境改造大量采用当地建筑材料，因地制宜。图6-13是乌岩头古村一处入口街巷地面的铺装改造前后效果对比。在主要街巷地下敷设了排污管网之后，用土回填夯实，采用当地拆旧房回收的大石板作为主要步行主道面材，两侧辅以溪坑卵石，形成亲切宜人的街巷空间尺度，平整的大石板，女士穿高跟鞋也能轻松行走。此外，沿溪坑的栏杆采用方条石和竹筒组合的方式。邻近山上大量竹林为今后竹筒栏杆的更换提供了方便。这种就地取材的方式既营造了良好的滨水步道空间氛围，又充分体现了适用技术的价值理念。

6.3.2.3 村落改造中节能材料的应用

"适用技术"广泛应用于我国乡村振兴战略的实施将是一个必然趋势，这是因为乡村现代化的客观要求。在乌岩头古村建筑改造中，既保留和传承传统建筑风貌特征（如坡屋顶、瓦面、石墙等），又提高了宜居性

改造前（2012年）

改造后（2017年）

图6-12 乌岩头村村庄公共停车场改造前后对比
图片来源：作者拍摄。

改造前（2012年）

改造后（2017年）

图6-13 乌岩头村沿溪步道改造前后对比
图片来源：作者拍摄。

和节能水平。屋顶构造的保温隔热材料广泛应用（图6-14），建筑墙体外观保留原来的石材，但是室内进行内墙保温处理，提升了传统村落的现代化宜居品质。

屋面保温隔热材料的使用　　　　　　　　　　改造后的屋顶保持了传统风貌

图 6-14　乌岩头村传统建筑屋面改造中使用屋面保温隔热材料

图片来源：作者拍摄。

第 7 章　工作法之七：培训跟进

按　语　本章将讨论"培训跟进"的工作方法。"培训跟进"的目的就是要培养乡村建设人才，实现乡村振兴的人才振兴。一方面，通过"实践—理论—实践"的过程，在大量实践探索中凝练提升乡村规划建设和管理的理论认知，用以指导新的乡村实践；另一方面，通过"在地化"培训方式，提升一线干部群众的理论认识水平，从而在更广范围、更细层面上贯彻落实新的理念。当前我国乡村振兴面临人才缺乏的严峻挑战。除了要鼓励、激励社会各方面人才下乡之外，还需重点培育一大批乡土人才、本地人才。同济大学黄岩乡村振兴规划建设团队，多年来致力于打造在地化的乡村建设范本，把要改造的老村打造成为一本本生长在乡土上的"教科书"，行走在这样的"教科书"式的村庄，就像是翻阅一本关于规划建设美丽乡村的范本。把论文写在祖国乡土大地上，更生动地展现新时代乡村振兴的探索成果。

7.1　培训跟进工作法要点

7.2　开创"在地化"乡村振兴人才培训新模式
7.2.1　乡村振兴，人才是关键
7.2.2　"在地化"人才培训的模式创新

7.3　实践案例
7.3.1　在小山村创建全国首家乡村振兴学院
7.3.2　乡村振兴学院培训实施的总体效果
7.3.3　乡村振兴学院成功举办的特色培训班

7.1 培训跟进工作法要点

"培训跟进"是要充分发挥高校的师资优势，在高校与地方合作开展乡村振兴的过程中，通过在地化培训地方建设人才，提升乡村建设能力和水平。

"培训跟进"的主要思路是：选择合适的老村闲置的公共设施和场地，通过改造，将其功能转化为培训课堂，即把教学和培训设施场地直接建在乡村。发挥高校师资力量，在丰富实践基础上，及时总结凝练新时代乡村振兴理论，推出丰富、实用的乡村振兴培训教材。特别是通过老村改造前后的对比，生动展现乡村建设的理念转化为落地建设的效果。

此外，充分发挥高校在国际学术交流方面的优势。通过国际化科研合作平台打造，借鉴经济发达国家在乡村发展中形成的经验和做法，并结合中国国情实际，把新技术在中国乡村振兴实践中加以转化应用。

培训跟进法包括以下4个工作要点（图7-1）。

（1）形成新时代乡村振兴理论体系。
（2）推出丰富、实用的乡村振兴培训教材。
（3）接地气，教学和培训点建在乡村。
（4）注重全球新科技在乡村振兴中的转化应用。

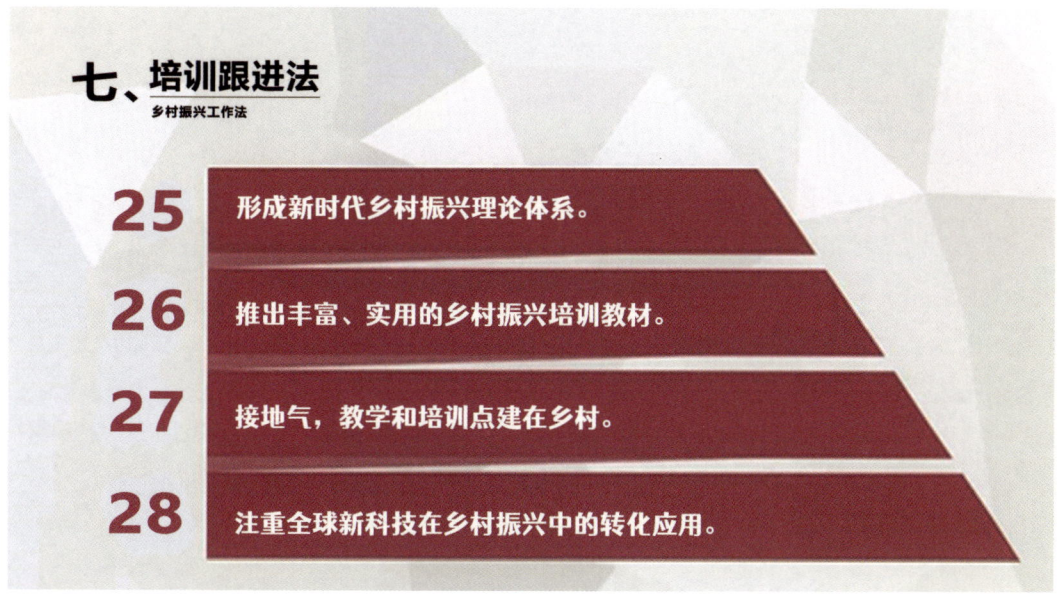

图7-1　培训跟进法的4个工作要点[1]（制图：梁晨）

专栏7-1　构建系统化培训体系，成为一项紧迫任务

乡村振兴战略，是新时代"三农"工作的总抓手，亦是"三农"工作理论和实践的升级版，这对基层干部等"三农"工作人员提出了更多的要求。构建系统化培训体系，成为一项紧迫任务。

同济大学动员全校资源与黄岩区合作，2018年2月6日在黄岩区宁溪镇文化礼堂挂牌成立了全国首家"乡村振兴学院"，学院南北两个校区均直接设在经过抢救而"复活"的村庄中，校区所在的村落本身就是鲜活的乡村振兴样本。

同济大学为乡村振兴学院备好丰富的课程体系和师资队伍，组建了一支由11名同济大学教授、博士生导师和21名"乡土专家"组成的教学团队，开发出乡村生态系统、乡村产业发展、乡村空间布局、全域旅游发展、美丽乡村建设等20多项课程，形成农业供给侧结构性改革、美丽乡村建设等4大系列、多个特色培训班次，基本覆盖了省市县乡村各级人员培训与教学需求。

除专题教学、培训外，黄岩区还按"产业兴旺、生态宜居、乡风文明、治理有效、生活富裕"不同主题需求，为乡村振兴学院配置了第一批5个现场教学点。

我们在调研时感受到，首家"乡村振兴学院"的成立，不是应景性工程，而是来自强大的需求拉力：

第一，乡村振兴需要系统化的科研支撑。农业与农村现代化，科技含量越来越高，亟待进行理论升级和实践探索，传统的知识结构很难支撑乡村振兴的需要。

第二，基于城市现代化的中国城镇化浪潮，支撑起中国经济40年的快速发展，乡村振兴这一"规模化内需"，对经济增长拉动的潜力巨大，仅杨贵庆团队改造"粮宿"尝试的十项适用技术，在中国农村就有巨大的市场。

第三，随着国家现代化进程的推进，"回归乡村"有望成为一种社会趋势，新一代互联网、大数据等新型技术的快速发展，使得"城乡共享"成为可能，越来越多的人会选择在乡村生活、就业、学习、养老。事实上，这一趋势在沿海经济发达地区已开始显现。

（引自："黄岩报告：乡村振兴工作法"，作者：瞭望智库研究员 吴亮 王先知 里雨曦。《财经国家周刊》，2018年第7期，28-29）

7.2 开创"在地化"乡村振兴人才培训新模式

7.2.1 乡村振兴，人才是关键

在实施乡村振兴战略的五大振兴中，就提出"人才振兴"，并指出人才振兴是乡村振兴的支撑。党的二十大报告指出："中国式现代化"的本质要求是"实现高质量发展"。实现乡村高质量发展，关键是要让科技、教育和创新来带动乡村现代生产力的发展，这就需要靠能人带动。以"中国式现代化"指引乡村振兴，就是要全面提升村民现代化素质，实现人的现代化[1]。

乡村要全面振兴，必然需要大量各方面人才。不论是科学技术赋能乡村生产力以带动农业生产率提升，还是数字乡村助力打破城乡壁垒，促进城乡要素双向平等流动，也不论是乡村物质和非物质文化遗产的传承和赓续，还是乡村治理和社会建设，都急需人才。如果没有人才振兴，那么要达到全体人民共同富裕、高质量坚持和发展全过程人民民主等目标就很难实现。只有村民现代化素质全面提升，才能支撑乡村全面振兴。

乡村人才振兴应形成一个开放的格局。不仅需要靠本土人才的培养和提升，而且需要积极鼓励外出能人返乡创业，需要靠广大乡贤积极帮扶，同时，也要积极创造条件吸引各方"新村民"到乡村创业，需要科技人才下乡。由于种种原因，特别是长期以来城乡之间差距，使得乡村大多数有一定谋生技能的村民纷纷进城务工，乡村考入城市大专院校的学生在毕业之后也很少返回乡村创业发展。当前，城乡要素双向平等流动的条件正逐步形成，一方面，乡村应创造条件吸引人才创业发展，创造更多就业岗位，带动村民在家门口就业致富。另一方面，通过顶层设计创造政策供给，进一步加大各方面人才下乡支农的政策力度。

当前，人才振兴对于乡村振兴来说具有极端的重要性和紧迫性。在国家和地方政策支持下，大量与乡村振兴有关的项目资金投入乡村建设，在规定的时间内需要完成项目建设。如果具有一支高素质的建设人才，那么，在政策和资金双重推动下，乡村现代化进程将获得巨大发展。相反，如果没有各个层级相应的乡村建设人才，那么，在短时间内也可能造成"建设性破坏"和"破坏性建设"，导致"好心办坏事"。特别是对于生态环境、乡土文化、乡村风貌等方面来说，如果缺乏系统性认识、整体性把握，那么，造成的破坏和损失将会是难以弥补的。例如，传统村落的保护和利用如何赓续历史文化遗存？乡土建筑风貌特色如何创新发展？传统农耕文明为我们留下了不少历史文化村落，如果缺乏科学指导而盲目开发，后果不堪设

---

[1] 杨贵庆. 论中国式现代化的本质要求与实施乡村振兴的逻辑关联[J]. 农村工作通讯，2022（12）：25-26.

想；一旦被破坏，将不可逆。而在现实中，存在大量照搬照抄的建设行为，或盲目模仿国外的、或照搬大城市的建造样式，导致地方乡土风貌特色失控。因此，要及时对第一线的乡镇干部、村干部开展乡村建设业务知识培训，尽快解放思想、提升认知水平。

7.2.2　"在地化"人才培训的模式创新

乡村建设需要大量人才，而"本土人才"是关键。这里的"本土人才"是多方面、多层次的，既包括规划编制、方案设计，也包括项目决策到具体执行。首先，从规划编制和方案设计来看，地方优秀设计人才十分缺乏，这导致从源头给项目的品质定位带来了很大挑战。在实际工作中，正是由于设计人员的认知水平和业务能力不到位，导致乡村优秀传统文化遗产的"破坏性建设"，也出现照搬照抄别处设计方案，或把城市新区的设计方法直接套用到乡村环境，导致乡土风貌特色被破坏。对于设计人才的缺乏，亟需开展对乡村规划设计人员的业务培训，尽快提升设计水平，避免其成为"建设性破坏"的急先锋。其次，从项目决策到具体执行的过程来看，"本土人才"涉及多个层面，既包括乡村振兴主管领导、分管领导和各局办的领导干部，县市区层面国有企业的领导干部，也包括基层的乡镇干部、村干部，国企投资公司在第一线的项目负责人，甚至还包括执行施工任务的管理人员、操作人员。不同层面的"本土人才"，虽然在乡村振兴和规划建设的过程中所起到的角色和作用各不相同，但是对于乡村建设最终的品质效果都产生了影响。因此，面对乡村振兴的历史性任务，急需培养大量"本土人才"。

"在地化"开展人才培训，对于培养"本土人才"具有积极作用。一是"邻近性"。相比把人员聚集到高校或培训机构进行课堂培训，"在地化"人才培训方式更加接近培训对象。让乡镇干部、村干部和村民在"家门口"接受相关的知识培训，既节省奔波的时间，节省车旅费用，又可以让培训受众更多，效率更高。二是"及时性"。"在地化"培训可以及时结合党和国家乡村振兴和乡村建设相关政策，结合省、市和地方项目推进要求，开展具有针对性的知识培训。培训的时间和阶段可以灵活多样。此外，针对乡镇干部、村两委的周期性换届，可以及时开展针对新上岗人员的知识培训，为实现"一任接着一任干、一张蓝图干到底"奠定认知基础。三是"生动性"。"在地化"开展人才培训，可以结合所在地的村庄改造项目，一方面讲解理论；另一方面结合身边的实际项目，在现场生动地讲解从理论到实践的应用，让培训人员有着直观的认识，这样，印象就会比较深刻。

结合旧村更新改造，直接把人才培训的课堂设在村子里，可以视为人才培训模式的一种创新。同济大学和黄岩区联合创设的全国首家乡村振兴学院，就是结合黄岩区屿头乡沙滩村、宁溪镇乌岩头村这两个旧村改造而进行的,建成了北、南两个校区。两个旧村的更新改造,因地制宜,结合村庄闲置公共设施和场地改造,先期植入了教学培训功能,远期可为多功能所用。校区所在的村落本身就是一个鲜活的乡村振兴样本。

7.3 实践案例

7.3.1 在小山村创建全国首家乡村振兴学院

"同济·黄岩乡村振兴学院"成立于2018年2月6日,是全国首家揭牌的乡村振兴学院。同济大学党委书记方守恩教授一行赴台州市黄岩区为学院揭牌(图7-2)。300多名党员干部参加首期培训。同济·黄岩乡村振兴学院的成立,正是对党的十九大提出的"乡村振兴战略"的深入贯彻落实,以"在地化"模式对培养新时代新型"三农"人才的生动实践。学院以"育'三农'英才,树'两山'样板"为宗旨,基于深度校地合作,把国家实施乡村振兴战略的理论引领、

图7-2 同济·黄岩乡村振兴学院揭牌暨开班仪式举行
图片来源:无限台州公众号提供。

实践示范和科学普及相结合。

7.3.1.1 建设目标

同济·黄岩乡村振兴学院，以贯彻落实乡村振兴战略为导向，依托黄岩生态资源优势、历史人文优势和"美丽乡村"建设优势，围绕"产业兴旺、生态宜居、乡风文明、治理有效、生活富裕"的乡村发展总体要求，按照"校风严谨、师资优良、硬件完备、管理规范、环境优美"的建设理念，校地之间开展战略合作，充分发挥理论支撑和智力支持作用，着力构建集乡村振兴理论研究、实践指导及人才培养三位一体的综合性学习教育平台，打造"两山"重要思想实践样板基地，为推进乡村振兴战略提供黄岩实践和黄岩样本。

7.3.1.2 教学目的

立足台州黄岩，面向浙江全省，辐射全国，因地制宜培养农村发展带头人、农业发展领军人、服务于农村农业发展的实用型人才，持续培养适应新时代乡村发展要求的干部队伍和建设人才，校地携手培养一支懂农业、爱农村、爱农民的"三农"干部队伍。

7.3.1.3 建设思路

同济大学和浙江省台州市黄岩区深度开展校地合作，依托黄岩美丽乡村建设的实践成果，充分发挥同济大学师资优势，合力培训新型乡村人才，共享乡村振兴探索成果。其中，教学培训的课程安排、教材编写、师资组织等工作以同济大学方面为主落实，学员的招收、管理、后勤保障等工作由黄岩方面为主落实，双方就乡村振兴的规律研究、人才培养、教学实践开展全方位合作，共建校地合作样板，共享乡村振兴研究成果。日常工作由中共黄岩区委党校组织专门办公室落实。

7.3.1.4 运行方式

采用乡村振兴专题培训班的形式。每次专题培训班一般为期3-5天。通过专题教学、现场教学、影视教学等环节，学习乡村振兴战略的时代价值，让学员了解黄岩乡村振兴的发展历程和实践成果，理解美丽乡村建设的深刻内涵，领略黄岩乡村文化魅力，借鉴黄岩美丽乡村建设的经验。

同济·黄岩乡村振兴学院分南、北两个校区。北校区设在屿头乡沙滩村柔川书院旧址，南校区设在宁溪镇乌岩头村。通过乡村振兴学院的功能植入，带动两个村庄的乡村振兴。

其中，北校区设在屿头乡沙滩村。教学场地选址在原柔川书院区块（图7-3），结合废弃的原乡卫生院建筑和场地，规划改造、新建教学用房。内设2个多媒体教室（可容纳50人）和一个学术报告厅（可容纳120人）。改建现有两幢砖石结构建筑，作为学院配套用房。改造老乡公所，打造成精品民宿，提供40间客房。同时，沙滩老街的小憩民宿、石狮坦民宿区可提供约50间房间，共可提供约100间住宿房间，餐饮接待能力可达500人。

南校区设在宁溪镇乌岩头村。以乡村振

图7-3 屿头乡沙滩村的同济·黄岩乡村振兴学院（北校区）
图片来源：杨贵庆教授团队提供。

图7-4 宁溪镇乌岩头村的同济·黄岩乡村振兴学院（南校区）
图片来源：杨贵庆教授团队提供。

兴学院来带动历史文化（传统）村落的再生。教学场地选址，是针对原老村的一座三合院改造，既作为乡村振兴学院的教学设施，又作为"乡村艺术展示中心"向社会开放（图7-4）。该中心内设1个多媒体教室（可容纳50人），1个学术报告厅（可容纳80人）。

学院配套餐饮住宿设施设在乌岩头新村场地，结合村部的旧办公楼改造。由黄岩旅游事业发展集团有限公司负责，可安排70间客房和150人餐饮。同时，在乌岩头新区鼓励村民兴办民宿，进一步增加餐饮住宿接待能力。

专栏7-2 小山村来了大教授

今年2月，全国首家乡村振兴学院——同济·黄岩乡村振兴学院挂牌成立，北院校区就在屿头乡沙滩村。

高规格的人才培养基地为何会落户一个小村？这得感谢同济大学建筑与城市规划学院城市规划系主任杨贵庆教授，他不仅让沙滩村变得既美丽又有文化，还帮助屿头乡人找回了发展自信。

2015年6月，我调任屿头乡党委书记。7月，在沙滩老街改造施工现场遇到了杨教授。"铺设地砖，要保留原来的弧度""这块砖雕太美了，改造时要保留"……在施工现场，我遇见挎着泛白帆布包、头发略微花白的杨教授，他以竹竿作笔，和现场施工的村民耐心沟通。在一棵树周围，他用竹竿画了个图案，一个村民紧跟着在图案周围撒了一圈石灰粉。"听杨教授的话没错，修出来的房屋路面就是不一样，有味道。"这位村民说。

我和镇村干部一起，拜杨教授为师，学起了乡村规划设计。

杨教授说："对沙滩村的规划、修复和改造，首先要挖掘和确立一个乡村独有的文化内涵，实施'文化定桩'。"

沙滩村的文化内涵是什么呢？村干部答不上来。有村民说，村里没啥历史，倒有个南宋古刹太尉殿，是皇帝表彰扑火救人去世的村民黄希旦而建的。现在每逢农历十月一日，村民会举办社戏活动纪念"先祖"黄希旦。

听到此，杨教授眼睛一亮："'崇尚英雄'和'养我德行'就是沙滩村的文化之根啊！"

这次文化挖掘，成为沙滩村规划和修复的起点。在村里实地调研几天后，杨教授拿出了沙滩村的规划设计图。之后几乎每隔两周就要从上海赶到村里，教农民如何画线、如何旧物利用、如何插竿放样。

在杨教授的指导下，沙滩村民把建筑细节处理到极致：旧建筑留下的瓦片、砖块用于道路铺设；兽医站"变身"乡村物流中心；扩大村中坑塘水面，取名"太极潭"；柴火房改造成休闲吧；甚至利用废弃的场地和改造散落的茅厕，整理出一个社戏广场。

乡卫生院旧址原来是朱熹讲学的柔川书院，杨教授重新恢复成了柔川学堂，兼做乡村振兴学院讲堂。

眼下，屿头乡梳理出一整套美丽乡村建设思路，涉及乡村经济、环境治理、乡村规划、产业振兴等各个层面。杨教授倡导的"适合环境、适宜人居、适用技术"的理念，已在这里落地扎根。

（引自：小山村来了大教授……，作者：陈康，《今日浙江》，2018年6月13日）

7.3.2 乡村振兴学院培训实施的总体效果

7.3.2.1 获得国家级和省级有关领导肯定

同济·黄岩乡村振兴学院的专题培训教学，立足黄岩，面向全省，持续培养适应新时代乡村发展要求的干部队伍和建设人才，力争建成在国内具有一定影响力的党员干部培训基地。在同济大学和台州市黄岩区深度校地合作下，乡村振兴学院的相关做法得到中央农办相关领导和浙江省副省长的批示肯定，《新华每日电讯》《瞭望智库》《国家财经周刊》、央视《新闻调查》栏目等先后进行专题报道。

7.3.2.2 培训覆盖面广

从2018年2月"同济·黄岩乡村振兴学院"成立以来，截至2019年，学院共承接培训班和考察团477批次，接待人员12 784人。省外培训班分别来自山西省、吉林省、江苏省、安徽省、福建省、江西省、山东省、湖北省、四川省、云南省、上海市、重庆市、西藏自治区以及新疆维吾尔自治区等。接待的考察团已基本遍布全国。

学院承办省内外培训班129期，6031名学员参加培训。其中，省外39期1861人。参训学员中，省部级干部1人，厅局级干部60人，县处级干部501人，乡科级干部1675人（表7-1）。

此外，共接待考察调研团348批次，6753人。其中省外112批次、1549人；考察团成员中，省部级干部36人，厅局级干部260人，县处级干部1464人。

表7-1　2018-2020年乡村振兴学院承办培训班情况一览表

	省内外总期次（期）	省内外总学员（名）	省外期次（期）	省外学员（名）	省部级干部（人）	厅局级干部（人）	县处级干部（人）	乡科级干部（人）
2018年	26	1520	12	608	1	3	141	452
2019年	103	4511	27	1253	--	57	360	1223
2020年	10	462	1	27	--	--	15	447
小计	139	6493	40	1888	1	60	516	2122

资料来源：中共黄岩区委党校，2020年。注：2020年受新冠疫情影响，培训活动减少。

7.3.2.3 培训活动呈现四"多"

培训对象"多层次"。培训对象包括全省党校负责对外培训分管领导、省中青年干部、区级成员单位、乡镇分管领导、民营企业家、从事农业区镇机关干部以及农民党员等。

培训方式"多形式"。采取专题讲座、现场教学、分组研讨等方式全面铺开，开设3—7天的专题培训班、乡村振兴作为必学内容的综合培训班等。

培训主体"多元化"。整合培训资源，聘名师、请专家，既有同济大学教授团队，又有黄岩本土乡村振兴专家，根据培训学员的需求，分专题、综合、技能三大培训板块统筹开展，全面展开乡村振兴培训。

培训内容"多领域"。培训内容涉及美丽乡村建设、基层党建、乡村振兴、产业发展、农村改革以及职业技能等多项领域。

7.3.3 乡村振兴学院成功举办的特色培训班

7.3.3.1 浙江省全省党校系统首期对外培训工作专题研修班

2019年1月14至16日，全省党校系统首期对外培训工作专题研修班暨学习贯彻《2018—2022年干部教育培训规划》研讨会在黄岩区屿头乡沙滩村"同济•黄岩乡村振兴学院"（北校区）举行，与会人员共120人（图7-5）。1月15日下午，会议安排分三组专题调研黄岩区乡村振兴工作，分别调研了屿头乡沙滩村，宁溪镇直街村（考察首批省传统工艺振兴项目情况），宁溪镇乌岩头村（考察乡村振兴学院南校区和古村落保护利用情况），北洋镇绿沃川农场（考察现代农业产业发展情况）

7.3.3.2 浙江省委党校第一期中青年干部培训班

2019年 2019年3月19日—21日，浙江省委党校第一期中青年干部培训一班到黄岩开展乡村有效治理现场教学活动。考察黄岩区矛盾调解中心，赴南城街道山前村考察乡村有效治理工作情况，开展专题教学"乡村有效治理的黄岩实践"。在屿头乡沙滩村"同济•黄岩乡村振兴学院"（北校区）开展专题教学"乡村振兴工作法"，由同济大

图7-5　全省党校系统首期对外培训工作专题研修班会场
图片来源：中共黄岩区委党校提供。

图7-6 2019年浙江省委党校第一期中青年干部培训班学员在乌岩头村教学楼学习
图片来源：中共黄岩区委党校提供。

图7-7 同济大学杨贵庆教授为浙江省省委党校学员讲解沙滩村改造理念
图片来源：中共黄岩区委党校提供。

学杨贵庆教授主讲；赴宁溪镇白鹭湾版画村，考察乡风文明建设情况；赴宁溪直街，考察省首批传统工艺振兴项目；赴宁溪镇乌岩头村，考察乡村振兴和古村落保护利用情况；图7-6、图7-7是学员学习和考察现场情况。

7.3.3.3 鄂、晋、川三省乡村振兴专题培训班学员齐聚同济·黄岩乡村振兴学院

2019年4月21日开始，来自湖北、山西、四川三省的3个乡村振兴专题培训班学员齐聚同济·黄岩乡村振兴学院，开展为期2到7天不等的培训。

具体包括：①湖北省干部"乡村振兴战略"专题研讨班（4月21日—23日）；②山西省朔州市"乡村振兴战略"专题研讨班（4月22日—26日），图7-8；③四川省松潘县东西部扶贫协作干部"乡村振兴战略"专题研讨班（4月21日—27日），图7-9。

此次3个乡村振兴专题培训班共计学员136人。培训过程兵分三路，交叉进行。通过开班动员、专题教学、现场考察、学员研讨等方式，以学促思、以学促悟、以学促行。这是乡村振兴学院第一次同时承接3个省外培训任务。这既是对学院培训能力的一次提升和锻炼，同时也是学院综合办学实力的一次充分展示。

2019年4月23日下午，3个乡村振兴专题培训班的学员集中在学院北校区二楼报告厅内，集中聆听同济大学杨贵庆教授题为"新时代乡村振兴工作法"的精品课（图7-10）。杨教授从乡村振兴的时代背景出发，详细介绍了包含文化、技术、培训、规划、党建等内容在内"工作法"（图7-11）。

上课过程中，学员们被杨教授的授课内容深深吸引。大家认真听课，做好笔记。课后，学员们不愿离去，纷纷围绕在杨教授身边，进一步向他请教乡村振兴相关的问题。最后，山西、湖北、四川的带队领导们还热情邀请杨教授到自己家乡授课。

图7-8 山西省朔州市"乡村振兴战略"专题研讨班合影（2019年4月）
图片来源：中共黄岩区委党校提供。

图7-9 四川省松潘县东西部扶贫协作干部"乡村振兴战略"研讨班合影（2019年4月）
图片来源：中共黄岩区委党校提供。

图7-10 3个省的培训班学员一同在沙滩村听讲
图片来源：中共黄岩区委党校提供。

图7-11 杨贵庆教授为3个省学员授课
图片来源：中共黄岩区委党校提供。

2019年4月22日开始，3个乡村振兴专题培训班的学员兵分三路，在各自带队教师的陪同引导下，来到乌岩头村、直街村、凤阳村、山前村、智能模具小镇、东城街道党建综合体等现场教学点学习考察。

7.3.3.4 浙江省省管干部进修班

2019年6月18日，浙江省委党校2019年第二期习近平新时代中国特色社会主义思想进修班在黄岩开展为期2天的乡村振兴实践工作考察，并参加同济·黄岩乡村振兴学院的培训学习（图7-12）。区委书记、区长陈建勋，区委副书记徐华，区委常委、组织部部长龚维灿陪同。这是同济·黄岩乡村振兴学院迎来的首批省管干部学员，也是学院成立以来承办的最高规格现场教学培训班。

6月18日下午，考察团一行首先来到屿头乡沙滩村，实地考察沙滩村乡村振兴和乡村有效治理情况，并听取同济大学建筑与城市规划学院城市规划系系主任杨贵庆主讲的专题报告"新时代乡村振兴工作法"。6月19日上午，考察团一行还来到宁溪镇，考察首批省传统工艺振兴项目，并赴乌岩头村考察古村落保护利用情况（图7-12）。

此次浙江省委党校选择黄岩作为习近平新时代中国特色社会主义思想进修班乡村振兴实践的户外教学点，也正是看中了黄岩在实施乡村振兴过程中积累的丰厚经验。"黄岩在乡村振兴实施过程中，探索出了一条比较好的实施路径，我们把黄岩作为教学点，能让全省各界领导干部更直观清晰地了解乡村振兴的工作模式。同时，也能进一步扩大乡村振兴学院的社会影响力。"省委党校教授顾金喜说。

图7-12　浙江省管干部培训班在黄岩乡村校学点学习考察

图片来源：中共黄岩区委党校提供。

第 8 章　工作法之八：党建固基

按　语　本章将讨论"党建固基"的工作方法。"党建固基"的目的就是要在乡村振兴中更加巩固党在农村的执政之基。实现"党建固基"的路径，就是要通过加强在多层次的党建引领，凝聚全社会的力量，实现乡村振兴的"组织振兴"。只有坚持党的坚强领导，乡村振兴伟大工程才能具有"主心骨"。除了自上而下进行乡村振兴的党建制度安排，还需要自下而上基层党建的强基落实。在中国古代封建社会漫长的历史长河中，由于血缘、亲缘所形成的大家族族群村落而诞生的乡绅制度，随着封建社会的瓦解也一去不复返了。新时代我国乡村社会的发展，必须要在乡村基层建立党的组织，建设一支党的基层干部队伍，努力实现乡村"自治、法治和德治"的有机统一。新时代的乡村治理，既考验党的执政能力，又是党的光辉照耀到每个村民心中的重要通道。通过"党建固基"，把村民紧紧团结在党的周围，开创乡村振兴的伟大事业。

8.1 党建固基工作法要点

8.2 党建是实现乡村振兴的制度保障
8.2.1 坚持党建引领实施乡村组织振兴
8.2.2 新时代村支书的先锋性

8.3 实践案例
8.3.1 黄岩首创"三化十二制"
8.3.2 新时代村级治理的"三化"

8.1 党建固基工作法要点

"党建固基"的主要思路是：建立有县市区党委主要领导参加的乡村振兴工作微信群，把分管领导和各相关职能部门领导、有关乡镇党委主要领导和工作班子、村委干部、高校主持乡村规划建设的专家教授团队、施工单位负责人等，组织起来构成一个扁平化的工作落实。"三级书记抓乡村振兴"的机制，同心协力，发挥党领导乡村振兴的坚强战斗力。

"党建固基"的关键在于加强基层党组织的战斗堡垒作用。特别是乡镇党委和村委会这两个基础层面，发挥着一线"作战"的重要作用。通过党建引领，构建推进乡村振兴的各级党组织的共识，建立有效的日常工作机制，发挥好制度建设的作用。

党建固基法包括以下 4 个工作要点（图 8-1）。

（1）"三级书记一个群"，形成扁平化工作模型。
（2）构建推进乡村振兴的"共识机制"。
（3）自治、法治、德治结合，营造乡村治理的"正能量界面"。
（4）层层压实和巩固党在农村的执政之基。

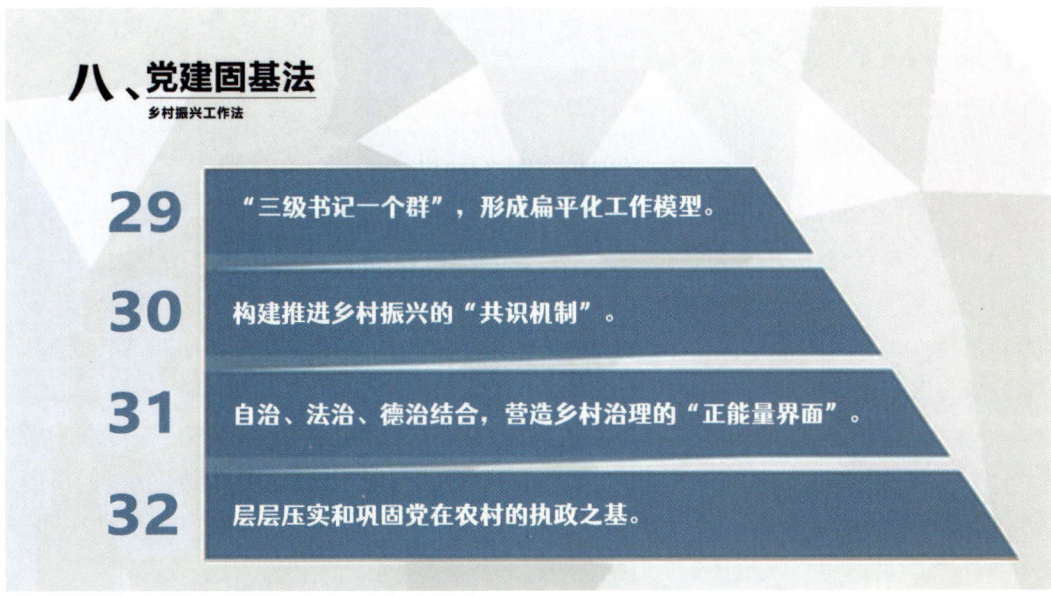

图 8-1　党建固基法的 4 个工作要点[1]（制图：梁晨）

专栏 8-1　提升基层党组织在群众中的威信，营造乡村治理的正能量

有了乡村振兴这个"总抓手"，农民整体上感觉党和政府在为他们办实事，因此配合度、积极性都比较高。当地干部告诉我们，每一件事情达成共识，都能进一步激活基层党员干部的荣誉感，不断提升基层党组织在群众中的威信，层层压实和巩固党在基层的执政之基。

这一过程发生的机理如下：

1. 实行"三级书记一个群"。区委书记（包括副书记、分管工作的常委和职能部门负责人）、乡镇党委书记（包括乡镇相关负责人和工作人员）、村支部书记（也包括村"两委"相关负责人）全部进入同一个主题微信工作群，有事情随时沟通协调，任务完成情况及时反馈，形成三级书记联动攻坚工作模式。

由于他们都在群里，谁的能力强、谁的主意好，大家都能及时动态掌握，这一小窍门成为破解干部不作为问题的一个好模式，组织部门也从中发现了一批优秀的基层干部好苗子。

2. 构建推进乡村振兴的"共识机制"。一是党员干部冲在前面，在"三个书记一个群"的工作模式下，想好办法，率先垂范。二是通过建设乡村文化礼堂，将社会主义核心价值观的传导、教育下移，并发挥"文化礼堂理事会"的议事、调解功能。三是充分发挥乡贤的力量，把乡贤纳入乡村治理人才队伍。乡贤是一批有文化、有威信、有能力的乡村能人。

3. 营造乡村治理的"正能量界面"。这个"正能量界面"由三部分组成：一是推进村级组织运行规范化、村民自治法治化、村务监督民主化，形成 12 项标准化制度，破解村民最关心的"选好人、办好事、花好钱"问题（当地概括为"三化十二制"）；二是发挥农民主体作用，落实文明村镇创建、好家风传承、村规民约倡树、婚丧仪俗整治等行动，推动乡风文明落地生根；三是全面推进基层治理工作，按照浙江和台州全力在抓的四个平台加网格化的要求，形成了全科网格、责任捆绑、源头管事、就地了事的格局。

（引自："黄岩报告：乡村振兴工作法"，作者：瞭望智库研究员 吴亮 王先知 里雨曦。《财经国家周刊》，2018 年第 7 期，29-31）

8.2 党建是实现乡村振兴的制度保障

8.2.1 坚持党建引领实施乡村组织振兴

在实施乡村振兴战略的五大振兴中，就提出"组织振兴"，并指出组织振兴是保障。乡村振兴必须坚持党建引领、组织振兴。

一方面，要坚持"五级书记抓乡村振兴"，确保乡村发展的根本宗旨为广大农民谋福祉。从省委书记、地市级党委书记、县市区党委书记，到乡镇党委书记，再到村委（或支部）书记，通过自上而下的传导，把党中央关于乡村振兴战略目标和规划措施不折不扣地贯彻落实，掀起全国一盘棋全面推进乡村振兴。在县、市、区层面及以下，"三级书记"抓乡村振兴，把党建工作与乡村振兴紧密结合；另一方面，要扎实做好乡村基层党建组织建设，确保发挥好村一级党组织的战斗堡垒作用。通过自下而上的实践探索，形成各地因地制宜、行之有效的实施机制。

当前我国各地乡村，特别需要加强党建引领乡村振兴，发挥组织振兴保障。一方面要发掘、培养、感召和鼓励源于本村的青壮年党员加入村委会，夯实基层党组织力量，另一方面，从体制机制上持续组织建设好一支有志向、有梦想、有责任、能创业的青年党员队伍，深入乡村基层一线。近年来的"大学生村官"是一种积极的机制探索，既锻炼了有志青年，也为党的事业培育了一批后备力量。有了组织振兴的保障，乡村振兴就有了"主心骨"，乡村现代化的实现就有希望[①]。

8.2.2 新时代村支书的先锋性

一个村的村级党组织建设的好坏，是这个村乡村振兴成败的关键。凡是乡村振兴做得好的村庄，都有一个强有力的村党委或支部，都有一个村民信得过的"支书"带头人、"领头羊"；而那些发展落后的乡村，除了各种客观原因之外，其中一个主要原因是基层党组织战斗堡垒作用没有发挥好，不作为、乱作为。甚至有一些地方，村支书或村主任非但没有为村庄发展着想、为村民致富谋利，反而还与民争利，起了反面的作用。此外，由于我国地区经济发展状况的差距，一些落后地区的乡村，年轻人外出务工几乎走空了，留下年迈的村民，导致村委班子年龄结构严重老化，相对于年轻人来说，缺乏创新创业发展的主动性。

新时代村支书的先锋性建设需要制度保障。如何保障村支书及其班子的先锋带头作用？一方面要靠村支书和班子成员牢固树立党性原则，全心全意为村民服务，为村庄发展和村民致富寻找机会、争取资源。另一方面需要开展制度建设，形成制度监督，从基

---

① 杨贵庆. 论中国式现代化的本质要求与实施乡村振兴的逻辑关联[J]. 农村工作通讯，2022（12）：25-26.

层组织体系、治理体系和监督体系三个方面筑牢基层党组织战斗平台。在这方面，浙江省台州市黄岩区村级治理的"三化十二制"做出了积极探索。

8.3 实践案例

8.3.1 黄岩首创"三化十二制"

2004年6月9日，时任浙江省委书记习近平在台州市黄岩区调研时，对村级治理"三化十二制"予以充分肯定。"三化十二制"是在黄岩区大力推进基层治理创新的过程中提炼形成的。其中，"三化"，是村级组织运行规范化、村民自治法治化、村务监督民主化；"十二制"，是与此相配套的十二个操作层面的制度。"三化十二制"的确立，将村干部的权力关进制度的笼子。

在"三化十二制"的指引下，黄岩区实施自治、法治、德治"三治融合"真抓实干，大力推进基层治理现代化。一是规范事务管理，促进乡村自治。坚持村务联席会议制度，由村党组织书记召集并主持，村党组织、村委会班子成员参加，负责讨论研究和商议本村日常工作。实行143项民生事项集中乡镇街道便民服务中心一窗办理，由村文书、党员志愿服务队等组成红色代办员，为群众提供预审、代办服务，指导网上办理及自助办理。二是深化矛盾化解，促进乡村法治。强化村级网格管理，开展"矛盾大排查、问题大化解"行动，力争村级普通矛盾纠纷和传统民事案件就地化解。建立"一村一法律顾问"机制，开展宪法入户、法律知识讲座等"法律进村"活动，指导各村依法制定村规民约。三是坚持先锋引领，促进乡村德治。深化党员干部道德诚信引领工程，对党员干部联系户走访、参与志愿服务等事项进行积分量化评级，引导党员做道德示范者、诚信引领者，促进乡风文明。

8.3.2 新时代村级治理的"三化"

自2004年以来的18年来，黄岩区一以贯之，持之以恒，常抓不懈，不断赋予新内涵、激发新活力，成为基层党建"浙江20条"经验的鲜活"黄岩样本"。新的"三化十二制"表述为：党的领导全面化、基层治理现代化、有效监督常态化。其中包含相应的十二条制度（图8-2）。[1]

黄岩区围绕治理体系和治理能力现代化，从基层组织体系、治理体系、监督体系三个维度不断深化完善村级治理"三化十二制"，全力推进党建引领基层治理提质增效。

8.3.2.1 夯实组织体系，促进党的领导全面化

一是创新推行全面参与的汇报机制。实

---

[1] 沈海洲. 新时代村级治理的黄岩模式："三化十二制"十五年历久弥新[N]. 台州日报，2019-12-2（1）.

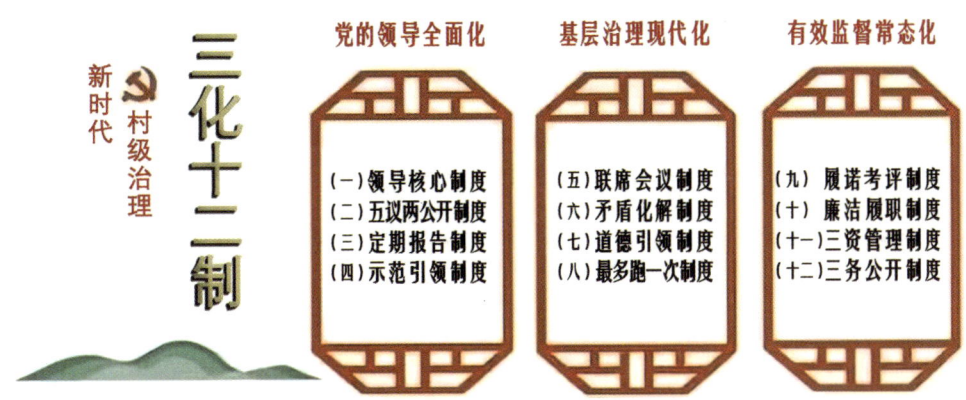

图 8-2　黄岩区新时代村级治理"三化十二制"
图片来源：中共黄岩区委党校提供。

施村委会、村监会等其他村级组织定期向村党组织报告制度，明确报告主体、内容、程序，要求村委会每季度汇报1次以上，并以集体报告会的形式就相关工作接受村党组织质询和群众评议，推动各类村级组织在村党组织领导下团结干事、合力谋事成了自觉遵循。如南城街道山前村党组织坚强有力，带领全体村民齐心谋发展，实现了从逢雨必涝"水窟塘"到山青水碧"花园村"的华丽蝶变，被评为全国民主法治村。二是严格落实党领导下的议事流程。制定评估村级权力运行规范性的"权力底数、风险系数、民主指数"三大指标，将村级事务划分为3类12项重大事项和7类35项一般事项，明确村级集体资产处置、大额资金使用等重大事项，必须在村党组织的领导下，严格按照"五议两公开"的决策程序审议通过后方可实施，促进村庄规划建设、集体经济发展等得到"最大多数"的支持。近年来，黄岩"千万工程"建设成效明显，已建成国家级绿色村庄17个，省级美丽宜居示范村3个、特色精品村11个，省级历史文化村落保护利用重点村6个。三是扎实开展优秀人才的培育工作。坚持党员干部分类化管理、专业化培育和差异化激励，实施"领雁、雏鹰、扶苗"三大工程，确保每村储备后备干部不少于4名、35周岁以下党员不少于1名，"领雁"每年参加1次以上区级轮训。鼓励村主职干部"一肩挑"，通过设岗定责、项目压担等方式加快干部能力成长，目前全区已有46个村实现"一肩挑"，占比15.2%。

8.3.2.2　完善治理体系，促进基层治理现代化

一是以规范自治内消矛盾。规定村级一般事务和日常工作由村务联席会议负责商议和决定，在做出决议或提交党员大会审议的具体方案前，须通过"民主恳谈会""乡贤议事会"等形式，充分征求群众、乡贤意见，并经村监会联合签署意见后方可执行，以严格的议事规则引导群众有序行使自治权利。如宁溪镇乌岩头村推行"五联工作法"，有

效解决两次自然村规模调整造成的难并心、难融合、难选举等问题，建成全国首家乡村振兴学院。二是以延伸法治外化纠纷。坚持"诉源治理"理念，整合信访、诉讼、调解等多个部门职能，在区一级建立矛盾纠纷综合化解中心，同步建立18个乡镇街道巡回智慧法庭，推动群众信访和纠纷化解"只进一扇门""最多跑一地"。2019年，黄岩区平安创建工作顺利实现"十二连冠"，成功捧回了浙江省平安建设的最高荣誉——"平安金鼎"。三是以倡导德治浸润民心。实施党员干部道德诚信引领工程，对党员干部的道德诚信状况进行量化评级，评估结果作为党员干部评优评先、奖励惩处、授信等级的重要依据，引导党员做社会主义道德示范者、诚信引领者。结合新乡风涵育行动，培育文明乡风、良好家风、淳朴民风。实现优良党风凝聚党心民心、带动政风民风。

8.3.2.3 理顺监督体系，促进有效监督常态化

一是激发群众监督热情。实施村干部任期履诺考评制度，将换届竞职承诺、创业承诺、辞职承诺等"三项承诺"细化为每年承诺事项，通过"商诺、承诺、亮诺、履诺、评诺"，畅通群众选干部、评干部、换干部的渠道。对照年初许下的诺言，全区301个自然村党组织书记和村委会主任"半年一评、一年一考"，接受村民代表和党员的现场询问。二是优化同级监督流程。强化村监会的监督主体作用，以村档乡管、联章联签等制度贯穿村级事务事前、事中、事后三个环节，明确村级事务决策、村级财务支出、三务公开必须经由村监会审核后方可实施。如新前街道西范村等村每月15日、30日集中办公，对集体财务支出一一现场核对、现场签字，做到"村账笔笔清"，成为规范村级财务管理的模范村。二是强化巡查监督力度。常态化开展区委巡察和日常监督工作，围绕村干部坐班考勤和歇职教育等制度，实行每月一统计、每季一通报、半年一研判，对存在政治不过硬、岗位不胜任、长期不在岗、工作不作为、办事不规矩、群众不满意的村干部及时调整。按照"分工负责、专业把关"的原则，组织乡镇街道对各村工程项目招投标、宅基地分配、经济合同签订等方面的会议记录严格审核把关。

在上述模式下，黄岩区不断创新和优化农村治理体系和治理能力，在地方党委的集中统一领导下，不断完善以村委会为代表的政治自治，以经济合作社为代表的经济自治和以文化礼堂为代表的文化自治，构成了政治、经济、文化三位一体的"自治共同体"，乡村振兴的基层内生动力不断增强，进一步夯实了党的基层组织建设，优化了党在基层的工作方法，巩固了党在基层的执政之基。

2020年10月23日晚，在浙江省委召开的县（市、区）委书记工作交流会上，时任黄岩区委书记陈建勋作了题为"以空心村治理为突破口建美未来乡村，努力打造乡村振兴新标杆"的交流发言，其中特别谈到了深化拓展"三化十二制"，推进村级治理现

代化。他说到:"将夯实治理根基、激发内源动力作为去空心化始终贯穿的主线。以新时代村级治理'三化十二制'为引领,为乌岩头村选优配强村班子,建立'乌岩百议堂',推进百姓事、百姓议、百姓理,有效盘活人、财、物和各种生产要素,吸引外出村民回归和20多家文创工坊入驻,昔日'空心村'枯木逢春,被列为全国美丽乡村'千万工程'七个典型案例之一。"①

专栏8-2 台州黄岩:深化"三化十二制"让"盆景"变"风景"

"村务难管,村事难办,干部难当",是当下很多村干部的心声,但浙江省台州市黄岩区后庄村党总支书记郏正江却不以为然。他的底气来自"125片网自治"工作法和村级治理"三化十二制"数字平台。

后庄村地处工业园区附近,流动人口多,安全隐患大,琐事杂事多。为此,郏正江带着村"两委"班子到处取经,开展"网格重塑"。据了解,现如今,后庄村划分为7个片区,每个片区以实有人口约100人的规模划分建立"微网格",明确由1名驻片村干部和队组长、副组长,吸收村民代表、妇女代表、青年代表、老年代表等四类群体组成"1+2+5"帮扶管理队伍。

为进一步提高办事效能,后庄村推进"数字乡村"建设,依托村级治理"三化十二制"机制搭建了"善治后庄智慧平台",实现"党员、代表手机上报事件—组长受理、流转事件—反馈处理结果"的闭环处置流程。郏正江直言,"大部分事情都在队组长这一环节就能完成了,且每个环节都透明可控。如今在后庄,基本上形成了'小事不出组、大事不出村'的局面。"

为全面有效落实浙江省委巡视反馈问题整改工作,黄岩立足于源头整改、长效整改,专门制定了《黄岩区新时代村级治理"三化十二制"实施细则》,以上下联动抓落实,校地合作促发展,三治融合保稳定为推进路径。

以三治融合保稳定为例,黄岩以规范自治内消矛盾,推行"五联工作法",通过"民主恳谈会""乡贤议事会"等形式,建立规范化的村级事务协同治理机制,按议事规则引导群众有序行使自治权利;以延伸法治外化纠纷,坚持"诉源治理"理念,通过设立的18个乡镇(街道)巡回智慧法庭及各党建网格,推动群众信访和纠纷化解"只进一扇门""最多跑一地"。

---

① 要闻.省委召开县(市、区)委书记工作交流会[N].今日黄岩,2020-10-26(1).

据统计,黄岩区村一级累计处理各类事件6.1万余起,96.9%矛盾纠纷化解在基层,实现"网格理事、就地了事"。

黄岩区委组织部相关负责人表示,黄岩区新时代村级治理"三化十二制"通过持续推进,深化落实,不仅有效解决农村基层治理矛盾问题,同时举一反三,让"盆景"逐步变成"风景"。

2019年以来,黄岩区南城街道蔡家洋村、宁溪镇牌门村、上郑乡圣堂村等27村获评省级特色精品村;屿头乡沙滩村、宁溪镇乌岩头村在同济大学杨贵庆教授团队的指导下,将去"空心化"工作与新农村建设、古村落保护相结合,积极拓展全国首家"乡村振兴学院",建成南北两个校区,成为乡镇振兴理论研究、实践调研和现场培训的重要基地,也有效带动了工商资本和三产消费的流入。

(来源:新华网,2022年12月22日,黄龄亿,金睦承。编入时有删节)

第9章 工作法之九：城乡共富

按　语　本章将讨论"城乡共富"的工作方法。"城乡共富"的目的就是要通过乡村振兴实现城乡全体人民共同富裕。自我国改革开放之后，城镇化发展进入快车道，城市建设和发展取得了令世人瞩目的成就。但是也应看到，城乡差距在一些地区仍在扩大。乡村为城市的建设发展付出了资源（包括自然资源和青壮年劳动力等）和环境方面的巨大代价。在新时代，必须解决好人民对美好生活的向往和发展不平衡、不充分之间的矛盾。而乡村对于城市，就是最大的不平衡。通过乡村振兴伟大工程，全面扎实推进乡村发展，从根本上缩小城乡差别，实现全体人民共同富裕。因此，要建立城与乡之间的新的关联和机制，从而有效促进城乡要素之间双向、平等流动，在城乡一体化的框架内推进资源优化配置，借力于不断延伸覆盖的互联网技术，创新创造出更多既发挥乡村特色、又具有环境友好的乡村产业，让那些落后的乡村重新进入新时代发展轨道，实现城乡"同频共振"。

9.1 城乡共富工作法要点

9.2 创建共同富裕微单元
    9.2.1 美丽乡村新社区是共同富裕示范区的微单元

    9.2.2 以高质量乡村文旅点亮共富之路

9.3 实践案例
    9.3.1 南城街道"贡橘园"的共富实践

    9.3.2 "悠享屿头"文旅共富联盟建设

9.1 城乡共富工作法要点

"城乡共富"的主要思路是,通过自上而下、自下而上的互动,由县、市、区党委政府统筹,由乡镇党委政府落实,通过政府搭台、市场参与的方式,积极构建城乡要素双向平等流动的机制,在城乡一体化的大框架下推进要素的精准、有效配置,充分发挥乡村的资源特色,形成具有内生动力、可持续性的特色产业,以此实现乡村产业振兴,增加村民收入。

现阶段,通过自上而下的美丽乡村规划建设,发挥政府主导、专家领衔、市场跟进、村民参与的联动机制,在地方国企先导投资的基础上,吸引社会资本导入乡村建设,以此展开乡村的基础设施和公共服务设施建设,夯实乡村可持续发展的能力。今后,通过创新城乡共同富裕的公共政策供给,逐步建立由市场主导、村民共建、专家咨询、政府监督的联动机制,让乡村走上与城市共同富裕的康庄大道。

城乡共富法包括以下4个工作要点(图9-1)。

(1)推进美丽乡村建设,缩小城乡差别。
(2)在城乡一体化框架内推进资源要素配置。
(3)以"互联网+"为依托培育新兴业态和新型就业。

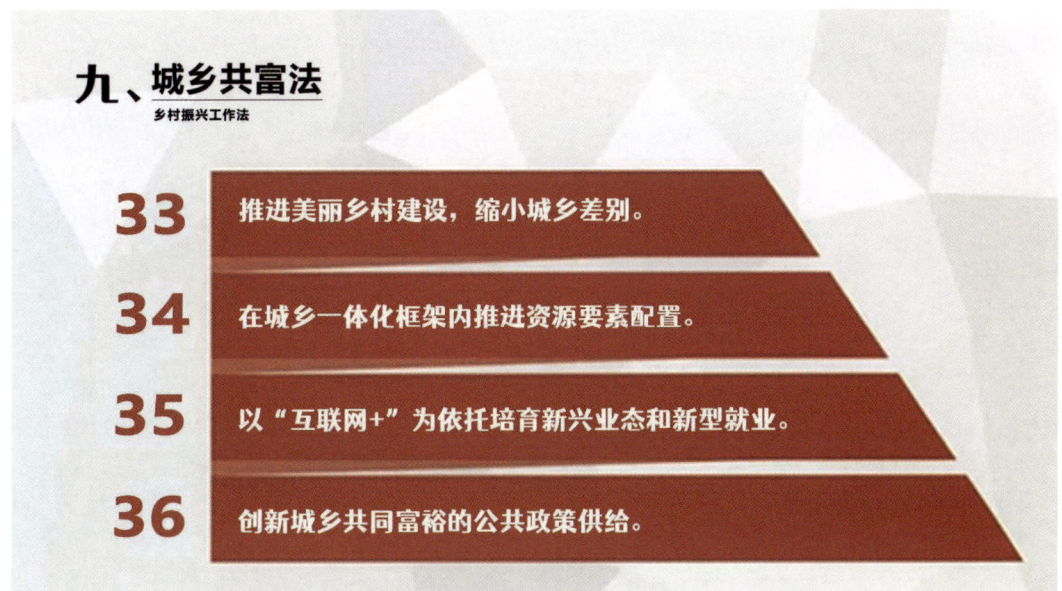

图9-1 城乡共富法的4个工作要点[1](制图:梁晨)

（4）创新城乡共同富裕的公共政策。

> **专栏9-1　加快推进城乡共同富裕，实现城乡共同繁荣**
>
> 2018年两会上的政府工作报告提出，"过去五年中国的城镇化率从52.6%提高到58.5%"，"建立统一的城乡居民基本养老、医疗保险制度"，"实现高速宽带城乡全覆盖"，"促进农村一二三产业融合发展"。这些都指向同一个目标：实现城乡共同繁荣。
>
> 这一实践和理论模型的构建流程、形成过程大致是：
>
> 第一，推进城乡基础设施建设和动态发展资源要素的全域化规划、配置、协同，而不是城市和乡村建设两张皮、两个思路、两个框架。
>
> 在管、线、网等基础设施建设上，黄岩一些乡村与中心城区同标准、协同推进；在产业功能配置上，黄岩区从去年开始推进的34个重点建设项目，实现全区城乡统筹考虑、产业链一体化推进，避免区块割裂；在旅游、教育、医疗等软性资源协同上，将大量优质资源配置给乡村，如"乡村振兴学院"就直接建在村里。
>
> 第二，乡村基础设施的改进、"互联网+"在乡村的推广，使得城乡功能协同成为现实，返乡创业、乡村居住城里就业的人流开始出现。据了解，返乡创业、就业的村民已占村民总数的三分之一。
>
> "互联网+"新业态在乡村涌现，乌岩头村吸引了城里的年轻人来创业，开设了不同类型的艺术体验馆、工作室。台州一家知名企业的财务总监、企业股东李素君常住村里，白天到城里上班或干脆在村里处理工作。
>
> 推进城乡振兴，在党委政府的职能配置、教育、医疗、福利保障政策的城乡一体、农村产权制度的创新等公共政策层面，均面临着一系列的制约性因素，如果能够一步步突破，在同一个公共政策框架内重新构建城乡关系，可以对乡村振兴起到更大的推动力。
>
> （引自："黄岩报告：乡村振兴工作法"，作者：瞭望智库研究员 吴亮 王先知 里雨曦。《财经国家周刊》，2018年第7期，31-32）

9.2 创建共同富裕微单元

9.2.1 美丽乡村新社区是共同富裕示范区的微单元

在 2021 年 10 月《求是》杂志上，时任浙江省委书记袁家军撰文《扎实推动高质量发展建设共同富裕示范区》，系统阐述了要学深悟透习近平总书记关于共同富裕的重要论述精神，指出了浙江探索高质量发展建设共同富裕示范区的目标任务，并明确了探索推动共同富裕的八个方面的路径举措[1]。这对于浙江省先行探索并为全国推动共同富裕探路来说十分及时、意义重大。

该文关于八个方面路径举措之一是"突出建设共同富裕现代化基本单元，探索共同富裕场景集成落地路径"。针对浙江的城镇，要"全省域推进城镇未来社区建设"；针对浙江的乡村，要"全省域推进乡村新社区建设"，并"以深化'千万工程'牵引新时代乡村建设，实现新时代美丽乡村达标创建全覆盖，建设万个新时代美丽乡村精品村"。而这"万个"新时代美丽乡村精品村，就是反映浙江"共同富裕现代化基本单元"的"新社区、微单元"。如何因地制宜、科学规划好浙江广袤乡村地区的"美丽乡村新社区"，各具特色地建设好"共同富裕微单元"，将是"十四五"乃至今后一个时期浙江省高质量发展美丽乡村的时代重任、历史命题。

要回答好这一历史命题，把握好"美丽乡村新社区"的内涵十分关键。它是指在包括"人文之美、生态之美、和谐之美"总目标下，具有新时代特征的乡村地域一定规模人群的社会生活共同体。它承载着实施乡村振兴战略的目标任务，通过新技术（数字）赋能，体现乡村产业经济发展、社会文化发展和空间环境发展的各方面综合效益。"新社区"既重视宜居物质水平改善提升，更关注人的全面发展。其中，"新社区"之"新"，包含了面向未来社区发展的各种物质和精神领域积极的因素。

要回答好这一历史命题，理解好"共同富裕微单元"的特征至关重要。以共同富裕为目标的乡村现代化基本单元，是社会结构的重要组成，是一种富有内生活力、生长动力、发展韧力的乡村社会细胞。浙江省未来万个精品村就是高质量发展美丽乡村的"微引擎"，充满自身动能和富集正能量，更好满足广大农民日益增长的美好生活需要，体现"中国式现代化的重要特征"。

要回答好这一历史命题，建构好城乡融合的机制是发挥城乡各自优势、实现高质量美丽乡村发展的关键。共同富裕的实现，必须要大力促进城乡要素双向、平等流动。从城市来看，需要把现代化发展的先进技术成

---

[1] 袁家军. 扎实推动高质量发展建设共同富裕示范区 [J]. 求是，2021（20）.

果、现代化宜居生活的物质设施保障等尽快向乡村辐射。从乡村来看，应充分展现蕴藏于乡村的中华优秀传统文化，包括物质和非物质文化遗产，为城市人（特别是青少年）提供中华传统文化学习教育的大课堂，为培育强大后劲的乡村旅游和文化经济做好准备，从而实现城乡要素双向流动中的平等发展和共富共赢。

浙江省具有数量众多的中国传统村落以及大量省级历史文化（传统）村落，富聚了独具魅力的中华优秀文化资源，如果能够通过创造性转化、创新性发展，将乡村优秀传统文化作为一种特殊的"转化酶"，那么，"绿水青山就是金山银山"就有了一条可持续发展共同富裕的理想通道。因此，对于具备上述发展潜力的乡村"新社区、微单元"，要尽快做好各项准备。通过城乡要素新功能注入，活化乡村资源，为城乡要素双向流动打好基础；通过"文化定桩"，营造文化特色，提升乡村文化自信，为城乡要素双向流动争取主动；通过现代适用技术广泛应用，提升乡村宜居品质，为城乡要素双向流动提供竞争优势。

总之，只有充分认识"美丽乡村新社区、共同富裕微单元"的内涵和特征，建构好城乡融合的运行机制，发挥地域特色，因地制宜，大胆创新，才能够实现浙江高质量发展建设共同富裕示范区的伟大工程。

9.2.2 以高质量乡村文旅点亮共富之路

《浙江高质量发展建设共同富裕示范区实施方案（2021-2025）》中明确指出："率先基本形成更富活力创新力竞争力的高质量发展模式"，应"更加注重向农村、基层、相对欠发达地区倾斜，加快突破发展不平衡不充分问题"；紧接着，《文化和旅游部浙江省人民政府关于高质量打造新时代文化高地推进共同富裕示范区建设行动方案（2021-2025）》进一步指出："提高文化产业和旅游业发展质量效益，助力共同富裕创新发展"，并"赋能乡村振兴，促进城乡一体发展"。那么，如何让广袤浙江大地的乡村更富活力、创新力和竞争力？如何通过文化和旅游业高质量发展促进城乡共同富裕？发展高质量乡村文旅将是其中一条重要路径。

曾几何时，一些地方低质的乡村旅游一拥而上。旅游业发展给乡村带来了一批批城市游客，乡村的农家乐、各种类型民宿等如雨后春笋层出不穷。虽然乡村总体上是比过去热闹了，一些村民的收入也有所提高，但是也应看到，不少地方的乡村旅游主要是城市人到乡村走马观花，吃吃喝喝，热点打卡，缺少了对乡村人文内涵的深度探寻，也缺失了对于乡村历史文化的敬畏和学习。究其原因，是"旅游"和"文化"两者相割裂了，或者"旅"多"文"少。长此以往，乡村只是城市人随意休闲放空的去处，并没有真正发挥乡村应有的历史文化宝藏大课堂的"文而化之"的作用。

习近平总书记在《之江新语》中专门提到了"文化经济"[①]。他指出,"所谓文化经济是对文化经济化和经济文化化的统称,其实质是文化与经济的交融互动、融合发展",文化经济"这是浙江改革发展中的一大特色和一大亮点"。这一指导思想为当今浙江文化和旅游业的发展指明了方向。2006年习近平主政浙江期间通过深入调研后提出:"古往今来,浙江人敏于挖掘文化传统中的经济元素和商业契机,善于向经济活动中注入更多文化内涵,以文化的力量推动经济发展。"

那么,以文化的力量来推动乡村旅游,将会让我们解放思想,大展宏图。在习近平总书记的"文化经济"论断指引下,如果各地能够深入挖掘、提炼、保护和利用、创新和发展乡村优秀历史文化,以"文化定桩"进行古村落有机更新,以"文"兴"旅"、以"文"促"旅"、以"文"提"旅"、文旅耦合,从而达到"文旅合力",那么,就必将实现高质量的乡村文旅,促进乡村文化经济的可持续发展,为乡村开拓共同富裕之路提供源源不竭的力量源泉。

高质量乡村文旅既需要对乡村历史文化资源的深入认识和准确把握,又需要创造性转化、创新性发展的在地化实践。去芜存菁,传承赓续乡土文化,让乡村优秀历史文化重放光芒,是物质共富和精神共富的共同选择。试想,如果在浙江大地上塑造一个个特色乡村文化课堂,为人们特别是少年儿童提供丰富的"古村落游学"等系列乡村文旅产品,那么,人们到乡村旅游就带着对传统文化的尊重和敬畏,对传统智慧的学习和领悟。如果那样,我们的乡村就更有"精气神",古村落就能真正"活起来",乡土文化就会持续"传下去"。

> **专栏 9-2 浙江省"文旅共富十条"**
>
> **一、人民群众为本**。共同富裕是马克思主义的基本目标和社会主义的本质要求,也是中国人民自古以来的理想追求。要坚持以人民为中心,坚持人民主体地位,始终做到发展为了人民、发展依靠人民、发展成果由人民共享,维护人民根本利益。突出"人人参与、人人享有",提升城乡居民文化和旅游参与度,共建共享品质生活,更好满足人民日益增长的美好生活需要。
>
> **二、精神富有为魂**。推动文化和旅游成为实现精神富有最具核心性、关键性

---

① 习近平.之江新语[M].浙江:浙江人民出版社,2007.

的要素，强化社会主义核心价值观引领，加强爱国主义、集体主义、社会主义教育，提供更多质量更高、品质更优的文化和旅游产品，丰富产品与服务思想内涵，不断满足人民群众多样化、多层次、多方面的精神文化需求。从浙江实际出发，开展精神富有基础理论研究，开发科学的精神富有指标体系。

三、文化底蕴为基。 厚植共同富裕文化底蕴底色，深入挖掘优秀传统文化基因，守好"红色根脉"，传承浙江文脉，弘扬当代精神，重点加大对宋韵文化、阳明文化、和合文化、南孔文化等文化的保护传承利用，积极塑造特色文化品牌，增强浙江人民的文化自信与文化认同。在全社会培育积极奋进、互帮互助等为内核的共同富裕文化，推动共同富裕理念融入日常生活，用文化之火照亮共同富裕之路。

四、"扩中提低"为要。 推动文化和旅游发挥缩小社会分配差距作用，特别是要利用旅游业就业领域宽、范围广的特点，鼓励中低收入群体积极参与旅游业发展，实现工资性收入、经营性收入、财产性收入和转移性收入增长，带动中低收入群体增收致富。发挥旅游消费在初次分配中转移财富的作用，促进中高收入群体通过高品质旅游消费为共同富裕做出贡献。

五、乡村振兴为重。 坚持文化和旅游赋能乡村振兴，传承好乡村文脉，创新发展"乡愁产业"。繁荣兴盛乡村文化，提高乡村社会文明程度，焕发乡村文明新气象。创新乡村文旅发展理念，构筑农民主体参与的组织机制，推动差异化、片区化、抱团化发展，推进乡村旅游提质升级，打造高品质的乡村旅游产品体系，探索具有浙江特色的乡村共富发展模式，促进城乡一体化发展。

六、山区发展为先。 扎实践行"绿水青山就是金山银山"理念，把山区26县作为文化和旅游促进共同富裕的主战场，发挥山区26县资源优势，加快重大项目招引，加大市场推介力度，补齐基础设施、人才培养、产品品牌、数字赋能等方面的短板，助力全省打通共同富裕"最后一公里"。深化山海协作，推动省域一体化发展制度体系和标准体系建设，实现山区26县文化和旅游跨越式发展。

七、提升贡献为导。 坚持落实新发展理念，在推动文化和旅游高质量发展中促进共同富裕，持续推动转型升级、提质增效，提升文化产业和旅游业的富民贡献度。发挥浙江优势，高效利用各类文化资源、自然资源和创新要素，培育打造特色经济强劲增长极，提升在国民经济中的比重，创造更多社会财富，千方百计把文化和旅游发展的"蛋糕"做大，增强广大群众幸福感和获得感。

八、文旅融合为径。 坚持文旅融合、主客共享的发展路径，用创新思维和系统思维谋划文旅融合发展、与相关产业深度融合，构建物质和精神共同富裕新格局。紧扣新需求，重构新关系，创造新符号，塑造新场景，探索形成一批更加成熟、更有特色、更有实效的政策、机制和制度成果，系统推动理念、制度、政策、方法的变革，促进文化和旅游体制机制创新，为全国贡献浙江经验。

九、智慧文旅为上。把数字化改革作为文化和旅游促进共同富裕的重要抓手，充分发挥浙江数字化先行优势，顺应科技创新和信息化趋势，紧跟数字化潮流，积极谋划创新文化和旅游领域数字化应用场景，发展文化和旅游新业态、新模式，推动文化和旅游体制机制改革创新，全面提升文化和旅游领域智慧化水平，为共同富裕示范区建设注入强劲动力。

十、国际水准为标。提升文化和旅游国际化水平，推动文化和旅游成为共同富裕示范区的展示窗口。创新交流传播合作机制，发挥遍布全球的浙商资源优势，讲好共同富裕"浙江故事"、传播共同富裕"文旅声音"。丰富入境、出境旅游产品体系，建立完善配套服务，加强国际化人才建设，提升入境旅游便利化水平，全面做好国际旅游复苏准备，让浙江成为世界级知名旅游目的地。

（引自：浙江省文化和旅游促进共同富裕示范区建设专家委员会共识"文旅共富十条"。中国新闻网，2022年2月15日）

9.3 实践案例

9.3.1 南城街道"贡橘园"的共富实践

9.3.1.1 "贡橘园"项目规划设计

"黄岩贡橘园"位于黄岩区南城街道，邻近黄岩城区，以2000亩优质黄岩蜜橘基地为基础，对三棵百年古蜜橘树进行保护，引入"百年橘树、千年橘乡、中华橘园"的理念，按"一心、二轴、五区"的规划布局，力争打造一个集现代农业、休闲旅游、田园社区为一体的"贡橘园田园综合体"，再现"城中橘树繁茂、河流橘林环抱，处处蜜橘飘香"的美丽橘乡风光。

"贡橘园"始建于2017年，是在高标准优质蜜橘基地基础上建立起来的乡村田园综合体示范基地，"贡橘园"内设有橘三仙、贡橘舫、澄川廊、兹父桥等7个景点，截至2022年，已先后投入资金3000余万元，完成了"贡橘园"一期建设，正在实施二期规划建设。

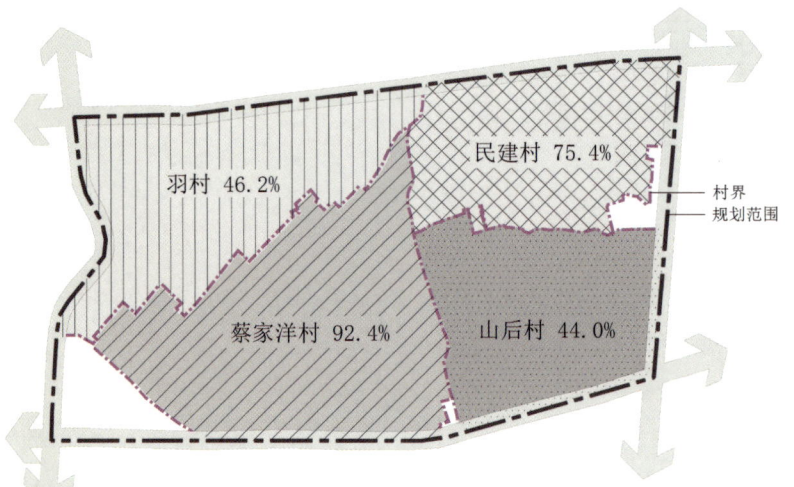

图 9-2 "贡橘园"中村庄分布示意图
图片来源：作者根据《浙江省台州市"黄岩贡橘园"创意规划设计》绘制。

图 9-3 四村柑橘分布形态卫星影像图
图片来源：2017 年 Google 卫星地图。

"贡橘园"的规划面积为 1.91 平方千米，近 94% 的规划面积涉及 4 个自然村，其中羽村、蔡家洋村、民建村、山后村各有 46.2%、92.4%、75.4%、44.0% 的土地在"贡橘园"项目范围内（图 9-2~图 9-4）。柑橘是黄岩一直以来的特色农业品牌，"贡橘园"中的蔡家洋村拥有"精品黄岩蜜橘生产基地"，基地集中成片种植达 1000 亩。

9.3.1.2 "贡橘园"项目经验成效

2018 年 11 月，"贡橘园"的一期建设

图 9-4 "贡橘园"田园综合体规划总平面图
图片来源：《浙江省台州市"黄岩贡橘园"创意规划设计》。

图 9-5 参观人员青睐本地农产品
图片来源：作者拍摄。

图 9-6 周边村民在"贡橘园"的各种聚会活动
图片来源：作者拍摄。

完成。2018 年 11 月 17 日"浙江黄岩柑橘旅游节"开幕式当天，参观人数达到 1000 人次，参观人员类型涉及全国柑橘种植大户、高校研究专家、柑橘销售及加工企业代表（图 9-5）。开幕式第二天，由蔡家洋村主办了"2018 蔡家洋贡橘美食节"（图 9-6）。"贡橘舫""贡橘园田园课堂"的总占地面积约为 300m²，点状规划的开放空间不仅是村民日常休闲的场所，也为举办集市和庆典提供了空间载体，吸引了外来游客（图 9-7~图 9-9）。

"贡橘园"建设的资金由省级、市级和

图 9-7　村民在柑橘的表演活动
图片来源：作者拍摄。

图 9-8　蔡家洋村平安宫的社戏活动
图片来源：作者拍摄。

图 9-9　柑橘节期间村民售卖自家农产品
图片来源：作者拍摄。

区级三级构成。在政府资金的大力支持下，"贡橘园"田园综合体的品牌打造推动了蔡家洋村对柑橘品种的复合开发，以及对"本地早"柑橘品牌销售渠道的多元发展。传统的柑橘销售是零售贩卖为主，在黄岩本地零售价约 3 元/斤的零售价；随着互联网的兴起，蔡家洋村规模较大的合作社向电商销售发展，每年柑橘总产量的三分之一在网上售卖，价格为 80 元/盒（5.5 斤），柑橘单价提升了约 10 元/斤；在"贡橘园"开园后，地方政府扶持蔡家洋村联合推出南城贡橘园"橘三仙礼盒"，对三棵百年橘树结出的柑橘进行独立包装，一盒 6 颗（图 9-10，图 9-11）。销售途径的复合提升在一定程度上提高了园区内柑橘的经济效益。

同时，结合园区内产业空间的规划建设，利用已经建设完成的游览栈道、"贡橘舫"等空间，村集体举办开园美食节。处于早期发展阶段的"贡橘园"田园综合体，村民依靠收取门票（图 9-12）和摊位租金（图 9-13）获得收入，农业三产化雏形初现（图 9-14~图 9-17）。

图 9-10　"贡橘园"活动现场的贡橘苗株
图片来源：作者拍摄。

图 9-11　"贡橘园"开园推出"橘三仙礼盒"
图片来源：作者拍摄。

图 9-12 "贡橘园"采摘门票处
图片来源：作者拍摄。

图 9-13 "贡橘园"美食节
图片来源：作者拍摄。

图 9-14 柑橘采摘实景
图片来源：作者拍摄。

图 9-15 "贡橘舫"建成
图片来源：作者拍摄。

图 9-16 橘叶展廊建成
图片来源：作者拍摄。

图 9-17 临时搭建的主题活动区
图片来源：作者拍摄。

"贡橘园"项目建设是推进实施美丽乡村的有效举措。自项目启动以来，蔡家洋村以项目建设为抓手，积极探索"文化＋旅游＋产业"发展模式，统筹推进乡村振兴，赋能村庄全面发展。让美丽乡村不仅是美在外观，更是美在发展。在壮大集体经济、带领农民致富、打响品牌效应等方面成效凸显，取得以下明显效果：

首先，品牌效益大幅度提升。园区内贡橘品种以"本地早"为主，凭借"贡橘园"项目影响力，农业农村部全球重要农业文化遗产（GIAHS）专家委员会及浙江省柑橘研究所等中外专家相继前来考察、指导工作。一是蜜橘品质提升。蜜橘果实品质是影响消费者选择的主要因素，随着人们对蜜橘消费需求的多元化，糖度高、风味浓、健康安全的鲜果蜜橘越来越受青睐。2021年启动数字化橘园建设，实现蜜橘种植、生产、销售全链条信息化管理，极大提升"本地早"品质，成熟果实的可溶性固形物含量、固酸比、糖酸比以往提高。由蔡家洋"本地早"专业合作社申报的"本地早"黄岩蜜橘连续4年获评浙江农业博览会优质产品金奖,并入选浙江省农业农村厅组织评选的"浙江省十佳柑橘"。二是蜜橘销量提升。"本地早"产品顺利入驻新华网"溯源中国·黄岩蜜橘数字经济平台",品牌影响力大幅度提升带动销量逐年上涨,其中80%~90%的蜜橘通过直播带货以及网络购物平台销售至台州市外。2021年,"本地早"销售量为160余万斤,同比涨幅33.34%,较2017年增长95余万斤。三是蜜橘售价提升。"本地早"精品橘的批发收购价和销售价格逐年提高,批发收购价从2017年的3.5元/斤上涨至2021年的5元/斤,销售价格从2017年的5元/斤上涨至2021年的8元/斤,其中48个果礼品装售价更是高达168元/套,销售火爆,品牌效益越来越明显。

其次,人居环境品质大幅度改善。依托"贡橘园"项目整体规划设计,对园区实施基础设施提档升级,成功打通"断头河",实现了蔡家洋村全村水域大循环;建成橘园慢行游步道4千米,大力推广"美丽庭院"创建活动,改造提升300余户,为周边村民休闲生活增添好去处;开展系列综合整治工程,对橘园周边320余户老旧民房实施外立面改造以及环境综合整治,有效提升村容村貌、改善人居环境,得到村民普遍好评。村庄荣获2020年度浙江省美丽乡村特色精品村称号,并被评为浙江省AAA级景区村庄。

第三,集体收益大幅度增长。通过"贡橘园"的内部功能驱动,将乡村转化为兼具生产功能、消费功能、服务功能的综合载体。"贡橘园"项目带动创新乡村产业经营模式,改善农业经营结构,打造现代农业发展模式,近4年期间,蔡家洋村内新增柑橘合作社8家,为村民提供"家门口"就业岗位110余个,积极推动共同富裕。推进"文化+产业+旅游"的深度融合,成功举办柑橘节,通过体验式农业旅游提升蜜橘采摘销量,村集体经济收入实现平稳快速增长,从2017年的5.43万元提升至2021年的249.02万元。

专栏9-3 15880元!黄岩"橘王"诞生!

黄岩蜜橘甲天下,而黄岩"本地早"则是黄岩蜜橘中的精品!一篮黄岩"本地早"以15880元的高价成功拍出!黄岩"橘王"就此诞生!

今天上午,在中国黄岩蜜橘种源展示基地,"黄岩千年贡橘——橘王争霸"活动吸引了广大游客以及网友们的关注,这是2022年台州黄岩柑橘节重头戏之一。

竞拍活动异常激烈,竞价一路飙升,最终一篮5斤装橘果以15880元的价格被黄岩一家知名企业拍走。据了解,拍卖所得将全部用于助农产业发展。

这篮"橘王"为何能拍出如此高价？一起来了解！

黄岩有着2300多年柑橘种植历史，从唐代的皇室贡品，到宋代的"天下果实第一"，再到如今的"中华橘源"美誉，多年来，"黄岩蜜橘"驰名中外。

这一篮"橘王"，品种为"黄岩蜜橘"当家品种"本地早"，采自本地早主产区之一的蔡家洋村黄岩城市贡橘园内的三株老橘树。三株老橘树树龄已逾百年，但芳华依旧，被称为"橘三仙"，是黄岩柑橘文化的重要历史见证，也是黄岩柑橘旅游的重要一景。按照树龄越高，橘子越甜的说法，这三株老橘树上长出的"本地早"果型较小，呈浓橙黄色，味甘美，果汁多，肉色美，核极小，在"黄岩蜜橘"中首屈一指。

此次高价竞拍是"黄岩蜜橘"历史文化、品牌价值的充分体现，再一次提高了"黄岩蜜橘"的影响力，也为黄岩蜜橘产业高质量发展提供宣传窗口、展示平台和合作途径，让"黄岩蜜橘"卖得更好，走得更远，从而有效带动广大果农实现共同富裕。

黄岩交旅集团还通过"走出去、引进来"的方式，做大做强"黄岩蜜橘"销售推广平台，利用"互联网＋"的模式，邀请国内多家知名媒体平台推广、网红主播带货，农文旅融合等方式促进蜜橘销售，助农增收。

目前，通过新民晚报直播带货方式已帮助黄岩橘农销售蜜橘6万斤以上。

（引自：黄岩发布2022-11-15，发表于浙江。编入时有删节）

9.3.1.3 "贡橘园"项目启示

"贡橘园"项目建设获得的启示包括：

一是强化传统产业振兴发展。突出"高效、绿色、安全"农业发展理念，将"贡橘园"积极构筑成为"田园综合体区＋特色农产品区＋生产基地区"的多层次现代农业发展体系，大力推进绿色转化项目建设，充分发挥资源优势和产业优势，加快形成特色农业产业集群，打造地方特色品牌。同时，持续深化数字橘园建设，推广实施机械化、科技化操作，发挥现代农机装备的生产效应，提高农业生产的劳动效率，真正达到让农业增效、农民增收的目的。

二是创新实施农旅融合发展。农业与旅游业的融合发展是产业融合的一种典型发展模式，具有绿色低碳环保的可持续发展特点。通过"贡橘园"项目开发将农业与旅游业有机结合起来，为游客提供内含农业要素的旅游项目，以达成产业间融合发展。2018年至2020年期间，蔡家洋村充分运用特色农业以及旅游资源优势，挖掘农业资源中蕴含的旅游价值，在"贡橘园"内共举办采摘节、文化节及音乐节等各类型文娱活动5次，累计接纳游客6万余人，逐步实现以农促旅、以旅强农的目的。

三是高效发挥辐射带动效应。通过田园综合体内部核心景区发展，辐射周围村庄，推进农村农业生产现代化进程，实现乡村善治、共同富裕。依托"贡橘园"，充分挖掘蔡家洋村现有蜜橘资源，带动开发周边民建村、山后村、义新村农业资源，构建总占地面积3930亩的"贡橘园"大板块，在不断完善田园综合体旅游体系的过程中，为农民提供生态宜居的生活环境，构建特色农业科技生态循环产业链，打造集生态循环农业、观光休闲旅游为一体的新型乡村社区。

9.3.2 "悠享屿头"文旅共富联盟建设

"悠享屿头"文旅共富联盟指围绕黄岩区屿头乡丰富的文旅资源，大力推动全域商业商户合作联动，打造资源共享、品牌共塑、产业共建、合作共赢的全乡域旅游大联盟，进一步促进屿头乡文旅消费，做大文旅经济。

"悠享屿头"文旅共富联盟创新"1+X+N"模式，发挥党建引领作用。"1"指屿头乡党建联盟，"X"指乡内各商户，"N"指文旅共富战略合作伙伴，充分发挥景区、民宿、农家乐的带动作用，同时联合国企、高校院所、金融机构等，与农商行、台科院、交旅、朵云、华夏等单位开展合作。

截至2022年6月，文旅共富联盟内的商户一共29家，其中民宿13家、景点7个、农家乐5家、农特产品4家。战略合作伙伴有5家，分别是黄岩交旅集团、朵云书院、台科院、农商行、华夏国旅。

文旅共富联盟的业务范围是：积极宣传贯彻国家有关方针、政策、法规、条例。调查研究屿头乡旅游产业发展状况，推动屿头乡旅游产业整体发展。举办经贸和文化活动，促进交流合作，带动商户发展，推动全域共富。畅通渠道，帮助商户排忧解难，积极反映合理诉求，维护合法权益。完成屿头乡党委政府交办的其他事项。

目前已经构建联盟框架体系，确定联盟商户成员，制定商户共富联盟章程和公约；2022年6月举办了"柔川杯"气排球邀请赛，7月底举办了"山野风凉 川流不息"2022柔川旅游文化节暨"悠享屿头"文旅共富联盟启动仪式，推出了"共享老街"和"布袋坑古村落唤醒"两大共富计划。同时发布了5条特色旅游路线和一揽子优惠政策；推出了"共享老街之共享课堂计划"，为联盟成员提供乡村旅游民宿（农家乐）专题培训；举办"宋韵游园，月满中秋"戏曲游园会和"宴清秋"中秋主题活动。以上这些活动，吸引了大量游客来屿头，打响屿头乡旅游品牌知名度，增加了当地商户、百姓的收入。

下一步，文旅共富联盟将继续实现"周周有活动"，持续性增加屿头乡旅游业的人气；同时，大力推进共享老街计划，包括：继续落实好共享驿站、共享艺展课堂、共创空间、共享直播间等系列活动；对接洽谈有意向人士，以合适的项目进行长期租赁，丰富老街业态；定期召开文旅共富联盟会议，倾听联盟成员想法，帮助解决问题，形成旅游合力，通过抱团方式，打破屿头乡各行业在发展中的壁垒，实现真正的共享、共建、共富。

专栏9-3　"柔川之约"

尊敬的各位领导、各位来宾，屿头的各位父老乡亲们：

大家晚上好！

夏木荫荫，我们相聚在这碧水轻流的柔极溪畔，赴一场柔川之约。今晚，我们在此隆重举办屿头乡2022柔川旅游文化节暨"悠享屿头"文旅共富联盟启动仪式，共享发展新思路，共谱合作新篇章，共盼未来新成果。首先，我谨代表屿头乡党委、政府向本次活动的举办表示热烈的祝贺，向出席今天启动仪式的各位领导、来宾以及父老乡亲表示诚挚的欢迎，向长期以来关心和支持屿头发展的各界人士表示衷心的感谢！

今年以来，屿头乡以区委、区政府实施"生态共富西部乡村振兴战略""文化复兴战略"为契机，规划共同富裕"三大六提升"跑道，倾力提升文旅经济，不断打响文旅招牌。围绕柔川4A景区、布袋山3A景区、宋韵文化园等丰富的文旅资源，大力推动全域商业合作，打造资源共享、品牌共塑、产业共建、合作共赢的全域旅游大联盟。同时，积极探索实施共享老街计划、布袋坑古村落唤醒计划，为"绿水青山"转化为"金山银山"提供屿头新路径。

本届柔川旅游文化节是基于共富联盟的一次全新尝试,以"山野风凉 川流不息"为主题,采用文旅市集的形式,充分融合屿头山水风光、本土美食以及文旅特色,时间从7月延续到8月,期间设有山野雅集、荷花夜宴、流动民俗博物馆、浪漫萤火、宋韵之夜等节目,充分展示柔川逸趣和屿头风情。此外,同步开展"共享老街"计划和"布袋坑古村落唤醒"计划交流会,为青年才俊提供发挥想象力和创造力的场合,在宋韵古香的老街和绮丽幽静的布袋山探索无限的发展可能性。

下阶段,屿头乡将紧紧围绕区委未来五年"六大战略",聚焦高质量建设共同富裕屿头样板的使命要求,团结一心、锻长补短、善谋发展,为在新的赶考路上书写黄岩更大荣光贡献屿头力量,以优异的成绩迎接党的"二十大"胜利召开。也希望社会各界人士能够一如既往地关注屿头,支持屿头,多多助力共创美好未来。

最后,感谢在活动筹办过程中给予大力支持的各部门、各单位,预祝本次活动圆满成功,希望大家在屿头能充分体验到山野闲趣。

谢谢大家!

(引自:李啸鹏.(中共屿头乡党委书记),在2022柔川旅游文化节暨"悠享屿头"文旅共富联盟启动仪式上的致辞。2022年6月30日)

2022年7月底举办的"山野风凉 川流不息"2022柔川旅游文化节的活动,再一次让人们认识到乡村的魅力(图9-18~图9-21)。

图 9-18　2022 柔川旅游文化节活动场景（沙滩村老街缤纷活动）
图片来源：黄岩区屿头乡人民政府办公室提供。

图 9-19　2022 柔川旅游文化节活动场景（沙滩村老街人流如织）
图片来源：黄岩区屿头乡人民政府办公室提供。

图 9-20　2022 柔川旅游文化节活动场景（沙滩村戏台广场舞台）
图片来源：黄岩区屿头乡人民政府办公室提供。

图 9-21　2022 柔川旅游文化节活动场景（沙滩村老街戏台广场全景）
图片来源：黄岩区屿头乡人民政府办公室提供。

第 10 章 工作法之十：话语构建

按　语　本章将讨论"话语构建"的工作方法。"话语构建"的目的就是要总结凝练符合我国国情实际、地方特征的乡村振兴理论与实践范式。同济大学黄岩乡村振兴团队以"理论引领、实践示范、科学普及"为工作方针，以黄岩区乡村大地为"在地"实验室，在实现"中国式现代化"的征途中，寻找当代乡村规划建设的理论和方法。这是一种符合国情的"新乡土主义"规划建设理论，建构社会文化、产业经济、空间环境"三位一体"整体发展的理念，探索"适合环境、适用技术、适宜人居"的"三适原则"，深入挖掘中国乡村的社会文化价值，增强农民文化自信，营造并推出乡村振兴主题的全球学术与技术交流，在全球比较中总结出中国当代乡村振兴的经验。

10.1 话语构建工作法要点

10.2 探索创新中国式现代化乡村振兴规划建设理论
10.2.1 面向中国式现代化的乡村规划建设"新乡土主义"理论
10.2.2 传统村落的"双创"理论

10.3 实践案例
10.3.1 小山村里举办国际论坛
10.3.2 新阶段乡村振兴先锋论坛

10.1　话语构建工作法要点

"话语构建"的工作思路是，发挥高校参与乡村振兴的优势，在深入、丰富的实践中总结、提炼系统化的具有中国特色的乡村振兴理论、方法和案例。特别是结合乡村优秀传统文化的挖掘和提炼，形成一系列具有民族特色、地方特点和时代特征的乡村文化产品，融入产业振兴和空间环境建设，增强农民文化自信，通过乡村文化振兴增强中国乡村发展自信。

当今中国乡村振兴的发展进程，是向世界全面开放的。既向世界经济发达国家学习乡村发展的新技术和成功经验，又要结合中国国情进行创新创造，向世界传递中国乡村振兴的经验，在全球比较中寻找并确立中国乡村振兴的话语权。高校与地方政府合作开展乡村振兴，就是要在这方面担当使命和重任。

话语构建法包括以下4个工作要点（图10-1）。

（1）挖掘中国乡村的社会文化价值，增强农民文化自信。

（2）推出乡村振兴主题的全球学术与技术交流。

（3）加强理论研究，增强中国乡村发展自信。

（4）在全球比较中找寻中国乡村振兴的话语权。

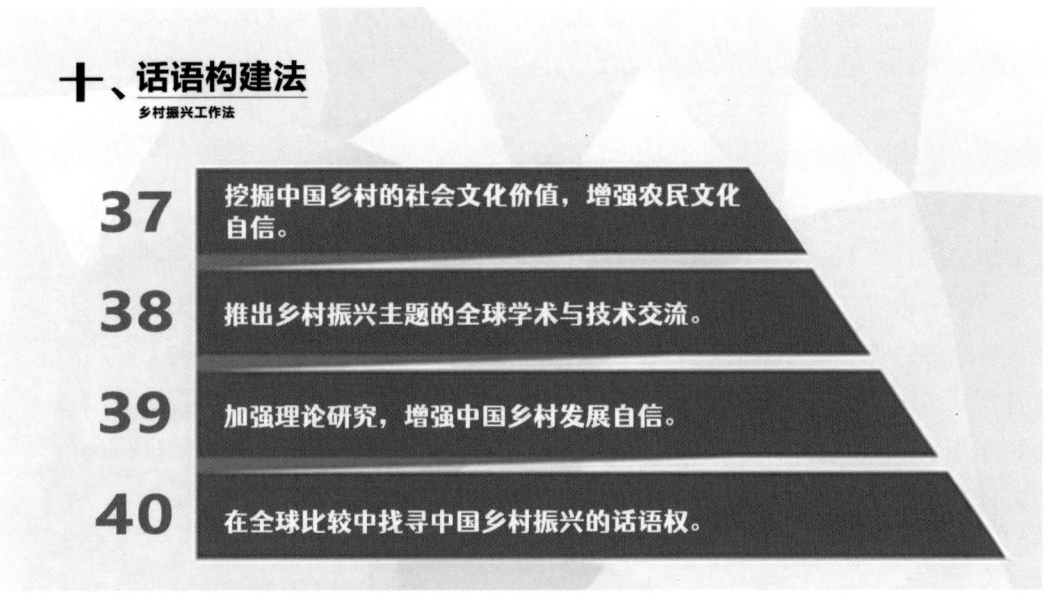

图10-1　话语构建法的4个工作要点[1]（制图：梁晨）

专栏 10-1　乡村振兴的思想活力和创新动力

同济大学邀请了一些国外专家参与黄岩乡村的规划和建设。来自德国包豪斯大学的菲力浦教授说，没有想到中国的乡村有着这么丰富的文化形态和值得挖掘的社会文化价值。

杨贵庆和他的团队意识到，乡村振兴与文化的传承，是一个全世界都感兴趣的话题，以乡村振兴为主题，可以推进全球对话，找到中国乡村振兴的全球坐标，构建出话语与传播体系。

2015 年 11 月初，德国柏林工业大学和同济大学师生在乌岩头村举行"中德乡村人居环境可持续发展"设计工作营。为期十天的现场调研后，柏林工业大学研究生回国之后继续进行为期一个学期的课程设计，把柏林城市周边衰败的乡村再生和黄岩区乡村再进行比较研究，提出创新的规划设计。

同期，"中德乡村人居环境可持续发展路径探索 2015 学术研讨会"在黄岩区举行，一批海内外专家以中国的美丽乡村建设和中外比较研究为切口，一起探讨中国乡村"升级版"的规划建设路径，以及如何促进乡村人居环境建设的可持续发展。

日前，杨贵庆团队对黄岩实践进行了学术总结，以乌岩头村改造为案例撰写了《再创中国乡村》（Reinventing the Chinese Countryside），发表在"美国规划协会杂志"（The Magazine of American Planning Association，2017 年 6 月刊）上，这份杂志直接面向全美 2 万多名规划师，杂志的标题点出了美国人的兴趣点"What can we learn from Wuyantou？（我们能从乌岩头学到什么？）"。

杨贵庆教授还针对美国规划界提出的"新城市主义"，提出"新乡土主义"的概念，创新了中国城乡规划学科的理论，并以此来主导对外沟通的话语体系。

同济大学有关负责人告诉调研组，不要小看了乡村振兴话语体系构建这一探索——对外来说，这可以让更多外国人认识到中国正在以自己的道路模式解决乡村问题，让海外更多地看到中国农村文化的丰富生态和创新精神；对内来说，让更多的基层干部和农民增强了文化自信和发展自信，为乡村振兴营造良好的舆论环境和内生动力。

调研组在黄岩调研时，同济大学的专家和黄岩的干部还在商量，依托乡村振兴学院开展更多的全球学术交流，还可以举办更高层面的"乡村振兴国际论坛"。

> 这些思路让我们感受到，在乡村振兴这一"总抓手"下，基层所涌现出来的思想活力和创新动力。
>
> （引自："黄岩报告：乡村振兴工作法"，作者：瞭望智库研究员 吴亮 王先知 里雨曦。《财经国家周刊》，2018 年第 7 期，32-33）

10.2 探索创新"中国式现代化"乡村振兴规划建设理论

10.2.1 面向中国式现代化的乡村规划建设"新乡土主义"理论

新时代我国实施乡村振兴战略背景下推进乡村建设行动，呼唤具有中国特色的乡村规划理论和实践范例。如果没有基于我国国情的乡村规划和建设理论指导，那么接下来各地大量的乡村建设实践，将难以有科学的理论导向，将无法充分发挥好汇聚的能量，甚至将导致不同程度的破坏。因此，在实践的基础上，应积极并善于及时加以总结，形成理论、规程和好的做法，将积极有效指导乡村建设行动。

"新乡土主义"这一旨在指导当代中国乡村规划建设的理论新词，最先是 2015 年 11 月由《黄岩日报》专题报道中呈现出来[1]。2017 年 10 月 26 日杨贵庆撰文"城乡规划学科为'实施乡村振兴战略'保驾护航"，阐述了关于"新乡土主义"的基本理念[2]。

"新乡土主义"之"新"，是一个十分开阔、富有内涵和不断进取的意境，它源于既有的乡土，根植于地方文化和社会发展，反映着建造传统工艺特色和现代技术的融合，承载着当代村民对美好生活的追求。"新乡土主义"理论的核心是"三位一体"、"三适原则"、"三个层次"和"三式规划"（简称为"四个三"）。具体来说，就是要实现乡村产业经济、社会文化、空间环境"三位一体"可持续发展；遵照适合环境、适用技术和适宜人居"三适原则"；在乡域、村域和村庄"三个层面"分别侧重，开展参与式、互动式、渐进式"三式规划"营造乡村人居环境，从而实现我国乡村经济产业转型升级、社会可持续再生产和优秀传统文化传承，重塑乡村物质空间环境新品质，从而实现新时

---

[1] 陈献之，何鹏，陈月.用心血浇灌出"美丽乡村"之花 [N].今日黄岩，2015-11-20（1）.
[2] 杨贵庆.城乡规划学科为"实施乡村振兴战略"保驾护航——学习'十九大'报告体会 [N].同济报，2022-1-28（7）.

代乡村振兴的伟大工程。

整体上看，我国乡村地域仍然面临着全面发展和提升的巨大挑战，乡村振兴规划实践呼唤"新乡土主义"理论指导。由于生产力不断发展和区域城乡经济结构急剧变化，我国乡村正经历着巨大的社会结构变化，我国区域经济社会发展的不平衡、不充分局面仍然十分严峻。随着工业化、城镇化的快速发展，一方面，在区域内部，乡村被邻近城市崛起而甩在了后面，城乡之间在新的发展层级出现了新的落差；另一方面，在区域之间，乡村还需要克服地域发展不平衡、发展不充分的困境。如今，生产力发展和社会变革已经把人类社会从传统农耕文明带入工业文明和信息社会。如果说传统农业时代下的乡村衰退是一种历史必然，那么，当下乡村振兴被重新确立也是一种历史必然。社会结构巨变打破了过去乡村社会的平衡，同样，它也可成为重塑中国乡村现代化和新型城乡关系的契机。在"新乡土主义"理论指导下，通过规划实践，努力推进城乡"二元融合"、城乡共构，开创我国城乡现代化的创新、协调、绿色、开放、共享的新发展历程。

"新乡土主义"规划理论提供了实施乡村振兴战略的一种路径，通过新乡土建造，把乡村振兴工作法的要点融入规划、建设和经营管理的各个阶段①。这种源于乡土、根植于地方文化和社会发展、并体现建造传统工艺特色和现代技术相融合的发展路径，承载着当代村民对美好生活的追求。把乡村的产业经济、社会文化和空间环境三者相结合，有机统一，充分尊重广大村民的意愿，并积极引导村民致富发展，推动乡村的产业振兴、人才振兴、文化振兴、生态振兴和组织振兴。

始于2013年初的同济黄岩美丽乡村规划教学实践，既以理论指导实践，又从丰富的实践中不断总结理论成果。面向国内，出版了《农村社区》②，它是基于"十一五"国家科技支撑计划项目的课题"村、乡、农村社区规划标准研究"，课题组提出了关于农村社区"产业经济、社会文化和空间环境'三位一体'的规划理念"，指导黄岩美丽乡村规划建设实践。十年来陆续出版的《黄岩实践》《乌岩古村》《乡村人居》等系列专著，对乡村规划的教学、实践和乡村人才振兴提供了支撑（图10-2）。

面向国际，发表了"REINVENTING The Chinese Countryside——What American planners can learn from Old Wuyan Village"（"再创中国乡村——美国规划师能从乌岩古村中学到什么？"）一文。该文是由杨贵庆、美国旧金山大学Richard LeGates教授和开欣合作的论文，发表于2017年6月的美国规划师协会杂志《规划》（PLANNING）③。这

---

① 杨贵庆.新乡土建造——一个浙江黄岩传统村落的空间蝶变[J].时代建筑，2019，1：20-27.
② 杨贵庆，等.农村社区[M].上海：同济大学出版社，2012.
③ YANG G Q, LEGATES R, KAI X. Reinventing the Chinese Countryside[J]. PLANNING, 2017（6）：32-39.

图 10-2　同济黄岩美丽乡村规划实践的部分中文理论学术成果
图片来源：杨贵庆教授团队提供。

图 10-3　部分英文学术成果
图片来源：杨贵庆教授团队提供。

是基于杨贵庆团队在黄岩的乡村建设实践经验总结，在国际上传递了中国乡村振兴的专业话语（图 10-3）。

此外，课题组在杨贵庆教授带领下，与德国柏林工业大学的合作牵头，开展了"城乡共构"（Urban Rural Assembly）城乡融合乡村发展的科研项目，主要是基于台州黄岩城乡融合可持续发展路径的研究探索。目前，合作项目已经出版了二期学术专刊，第一期是 Interfaces（2020 年 11 月出版），第二期是 Dialogues（2022 年 12 月出版），其封面见图 10-4。

 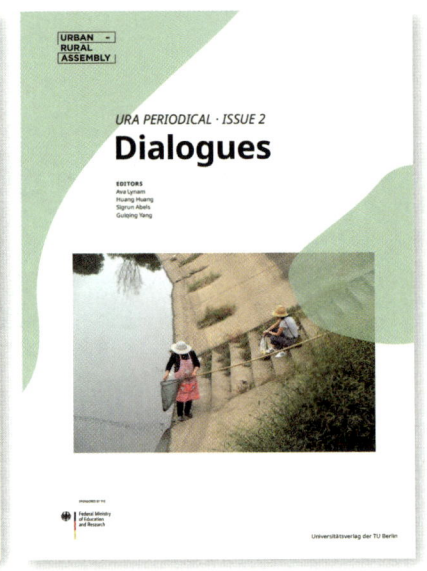

图 10-4 城乡融合乡村发展的国际合作科研成果
图片来源：杨贵庆教授团队提供。

10.2.2 传统村落的"双创"理论

这一理论强调通过"创造性转化""创新性发展"的"双创"，辩证地看待乡村聚落传统文化，指导乡村建设和乡村振兴[①]。

"双创"是指创造性转化、创新性发展。党的十九大报告指出：推动中华优秀传统文化创造性转化、创新性发展，继承革命文化，发展社会主义先进文化。其中，"创造性转化"是对既有的历史文化或物质环境进行在保护基础上的传承，是在尊重优秀传统文化特质的基础上，对其中精华部分进行"转"变并"化"为当代人所喜闻乐见的意境和形态；而"创新性发展"则包含对传统文化中的不足成分加以分析，并针对传统文化的精髓本质及其自身演绎的逻辑加以推演，进行开"发"和扩"展"，从而丰富和充实新的意境和形态。因此，如果没有"双创"的过程，我国优秀传统文化只能作为静态的、历史的、"博物馆式"的呈现，而无法与当代人的社会文化生活共进，也无法把传统文化引领到未来，无法为今后的文明发展提供当代人的贡献。

传统村落是中华优秀传统文化的重要组成部分之一，需要"双创"来推动其发展。我国历史上长期农耕文明发展留下了大量的乡村聚落物质环境，其中不乏具有丰富历史文化内涵的传统村落，承载了不同历史时期的民俗风物，成为中华文化物质遗产和非物

---

① 杨贵庆. 传统村落的"双创"与振兴[N]. 建筑时报，2019-1-28（4）.

质遗产宝库中不可替代的瑰宝。然而，传统村落毕竟是当时传统农耕生产力条件下的产物，其物质表象背后的生产关系、社会关系等都发生了历史性变革，因此，留存至今的物质空间环境难以支撑当代生产力条件下新的生产关系和社会关系；而且，过去的物质环境建造能力也受到技术条件和水平限制，无法满足当代人的宜居需求。因此，对于传统村落进行"创造性转化、创新性发展"显得十分重要和必要。既不能静止地、僵化地对待传统村落历史文化遗产，把它们当作"文物式"地保存保护而不加以利用，也不能不加分析地予以全部拆除然后再造"假古董"。对传统村落进行"双创"，是一种"扬弃"的过程，体现了辩证唯物主义历史观。

我国幅员辽阔，不同地域亚文化的意境和形态具有多样性，对于传统村落的"双创"需要因地制宜、循序渐进。尊重传统村落的地理地形地貌，尊重其历史文化内涵底蕴，尊重其所住的村民生活习俗，都需要采用因地制宜、循序渐进的原则。不可"一个标准"，而是需要针对不同气候地域、不同经济地区、不同文化地理等差异性，采用适合的"双创"方法和路径；不可"涂脂抹粉"，而是需要新的功能注入，由内而外，强调传统村落再生的内生动力，培育自身的"造血"机能，使其满足当代人发展的需求；不可"一蹴而就"，而是要根据实际需要、实际经济能力，采用点穴启动的方法，分阶段、有步骤地逐步推进，使得发展的每一个阶段既可以是当下的一个完整项目，又是未来整体发展的一个有机组成部分；不可"大拆大建"，而是需要甄别其传统价值，辩证对待"旧"与"新"，进行有机更新，建议采用文化定桩的方法，充分挖掘村落的历史文化内涵，突出其历史文化特色，加强其历史文化与当代性的嫁接，去芜存菁，从而形成传统村落独特的文化魅力，为其产业经济发展和物质环境设计提供独特的品牌和标识；不可"微缩盆景"，而是要注重保护传统村落整体的历史环境，做到既有"主角"、又有"配角"，共同唱好一台戏。应充分认识传统村落整体空间布局的自然生态智慧和社会秩序语义，做到在保护基础上传承利用和发展，在发展导向下进行保护和更新；此外，不可"大包大揽"，而是要区别对待基本民生需求和市场资本利益，应更加注重补充完善村落基础设施、公共服务设施，提升村落公共活动空间的品质，夯实村落今后可持续发展的能力。

当代中国的城乡规划与设计实践在传统村落"双创"过程中应发挥引领作用。传统村落的"双创"过程不同于改革开放以来的新城规划建设发展、城市新区、开发区等模式，而是面对一个具有长期农耕文明积淀的、好比从土地中"生长"出来的乡村聚落环境。一些传统村落的历史少则百年，多则上千年，即便是20世纪五六十年代人民公社时期留下的村落物质形态，也有半个世纪的历史沉淀。因此，传统村落又好比年迈的老人，需要采用深入细致的田野调查，挖掘村落的历史文化脉络,为其面对新时代的发展"号脉"。由于我国城乡规划与设计教育长期以来重视人居环境的社会、经济、文化、生态的综合评价和整体发展思维的训练,在"前瞻能力、综合问题能力、分析论证能力、共识构建能力、公平公正能力和创新能力"六大核心能力方面,通过课程与实践的教学过程得以系统化地训练,因此,规划师应当也能够在新时代担当起引领传统村落"双创"的实践,通过"在地"规划,设计师"下乡"等途径开展参与式、互动式、渐进式规划,为实施乡村振兴战略做好先锋开路。

对传统村落的"双创"实践需要体制机制保障,避免"破坏性建设"或"建设性破坏"。尤其是提高基层干部等"三农"工作人员理论水平和实践能力,使得在第一线的同志们不会"好心办了坏事"。在体制机制方面,需要构建系统化培训体系,确保各级干部在上岗之前都需获得过不同层次的关于实施乡村振兴战略的理论和方法培训,深入理解"产业兴旺、生态宜居、乡风文明、治理有效、生活富裕"的内涵实质,并把握好这些要求与物质空间环境建设的关系、把握好乡村发展与历史文化保护、传承的关系,把握好传统村落的"双创"思维。毕竟,对于传统村落的现代化过程,需要系统的科学理论武装,统筹好传统文化要素与当代宜居性、科技创新发展的相互关系,从而使得传统村落的现代化成为实施乡村振兴战略中的一项重大成就!

10.3　实践案例

10.3.1　小山村里举办国际论坛

2019年5月31日上午,"中德城乡融合推进乡村振兴——2019黄岩国际学术研讨会"在位于浙江省台州市黄岩区屿头乡沙滩村的同济·黄岩乡村振兴学院北校区召开。"今日黄岩"记者金一朵以"国际学术学堂办进小山村"为题进行了报道。

黄岩区委书记、区长陈建勋出席活动并致辞。区委副书记徐华,区领导龚维灿、车献晨参加活动。

陈建勋在致辞中指出,黄岩是闻名遐迩的中国蜜橘之乡,生态资源丰富,产业兴旺发达,文化底蕴浓厚,是台州市区"后花园",也是台州实施乡村振兴战略的主战场。在实践中,我们把人才振兴作为实施乡村振兴战略的主攻方向,走出了一条独具黄岩特色的"学术引领、典型示范、科学普及"的乡村振兴之路。特别是我们与同济大学合作创办了全国首家乡村振兴学院,打响了黄岩乡村振兴的品牌,为中国乡村振兴提供了可复制、可推广的样本,黄岩成功列入"部省共建乡村振兴示范省先行县"名单,被评为2018年度浙江省实施乡村振兴战略、高水平推进农业农村现代化成效明显的六个县(市、区)

图 10-5 中德城乡融合推进乡村振兴——2019 黄岩国际学术研讨会与会人员合影
图片来源：杨贵庆教授团队提供。

之一。

陈建勋指出，中央提出城乡融合发展 36 条意见，为黄岩进一步提升乡村振兴建设水平带来重大机遇。我们正在全力争创全国城乡融合发展试验区，这次中德联合研究就是以此为课题，对黄岩来说正恰逢其时。站在新起点上，希望广大专家学者继续发挥专业优势，激荡创新理念，迸射思想火花，以国际化的视野，为黄岩城乡融合发展探索出一条崭新路径，让黄岩成为中国乃至全球最前沿乡村振兴理论的实践地和输出地。

2019 年 5 月 28 日至 6 月 1 日，在黄岩区屿头乡沙滩村这个小山村，还举行了"城乡融合推进乡村振兴中德联合研究课题启动会"（图 10-5）。39 位中德专家上山下乡，进村走企，从黄岩模塑工业设计基地到乌岩头村，实地调研黄岩乡村振兴情况。重点围绕城乡交界面规划、生态村建设、城市规划和绿色基础设施等众多课题，开展中德联合研究，并进行学术交流。国际学术会议在黄岩小山村举办，这件事情本身意义就非常重大，它标志着传统乡村将迎来创新发展的新阶段。

10.3.2 新阶段乡村振兴先锋论坛

2021 年 5 月 26 日至 27 日，"新阶段

图 10-6　新阶段乡村振兴先锋论坛 2021 开幕式会场
图片来源：黄岩发布。

乡村振兴先锋论坛·黄岩 2021"在浙江省台州市黄岩区召开（图 10-6）。近 30 名来自长三角地区高等院校的专家学者齐聚同济·黄岩乡村振兴学院，共同探讨乡村振兴的新模式、新路径、新动能。"黄岩发布"专门以"小山村聚大智慧！新阶段乡村振兴先锋论坛在我区召开"为题做了报道。

台州市政协主席陈伟义，中国城市规划学会顾问、同济大学建筑与城市规划学院原院长陈秉钊教授，浙江省自然资源厅副厅长顾浩，市政协副主席褚义军，同济大学建筑与城市规划学院副院长耿慧志教授，浙江工业大学设计与建筑学院院长陈前虎教授，上海大学美术学院院长助理、建筑系主任刘勇，同济大学城市规划系主任、同济·黄岩乡村振兴学院执行院长杨贵庆教授等参加活动。

区委副书记、区长包顺富主持开幕式，区委副书记梁海刚在闭幕式上致辞，区领导冯继敏、车献晨、尤匡敏参加活动。

陈伟义在致辞中说，台州市山海风光秀丽，交通便捷。黄岩更是人文历史悠久、生态优势明显。在脱贫攻坚和乡村振兴方面黄岩取得的成果得到了全国的广泛关注和认可。与同济大学、浙江大学、浙江工业大学等高校多年来的校地合作，为黄岩在村庄规划、人才培养、空心村复兴等多领域先行先试提供了智力支持。希望专家学者们在此次先锋论坛中都能发挥专业优势，解放思想、集思广益，为黄岩、为台州的乡村振兴和城乡融合发展探索出一条崭新路径。

耿慧志对黄岩区委区政府一直以来的大力支持和无私帮助表示衷心感谢。他说，同济大学与黄岩有着长期深厚的合作基础。校地共建的同济·黄岩乡村振兴学院更是在全国乡村振兴工作中开创了先河。依托学院，同济大学建筑与城市规划学院的师生扎根黄岩乡村，对乡村振兴的理论与实践进行了广泛、深入的探索，得出了可复制、可推广的乡村振兴黄岩经验。希望此次论坛的召开能够为新阶段黄岩的乡村振兴之路提供理论指导和技术支撑。

包顺富指出，今年，党中央赋予浙江高质量发展建设共同富裕示范区的新使命。作为浙江板块的重要组成部分，黄岩聚焦东西联动、城乡统筹，打造"共富大脑"，筹建"共富智库"，争当浙江共同富裕示范区建设的排头兵。希望通过此次论坛的召开能够进一步深化拓展校地合作，积极探索净零碳乡村建设，全面提炼和总结乡村振兴的黄岩实践，为"十四五"实施乡村建设行动、全面推进乡村振兴提供黄岩样本，为全省乃至全国推动共同富裕探路先行。

梁海刚在致辞中表示，本次先锋论坛是乡村振兴"能人带动模式"的生动实践。各位专家学者结合多年的研究成果和实践经验，分享了先进理念和创新方式，对黄岩乡村振兴很有借鉴意义和参考价值。希望专家学者们继续发挥专业优势，分享实践经验，携手黄岩共同打造国内外领先的乡村振兴理论发源地和共同富裕实践先发地。

论坛期间，来自同济大学、浙江大学、浙江工业大学等高校的专家学者们，分别作了题为"谋划、振兴""国土空间规划背景下的村庄规划的思考""'地球卫士奖'——乡村振兴的浙江实践与探索"等的主题发言，德国柏林工业大学建筑学院院长菲利普·米塞尔维茨教授参与了线上同传发言，共同分享探讨村庄规划、乡村未来社区、美丽乡村建设、城乡融合路径等多个课题。

近年来，黄岩区委区政府聚焦高质量谱写"永宁江时代"发展新篇章的战略目标，大力推进乡村振兴工作。自2012年起，黄岩区就与同济大学等高校结下不解之缘，从最初的美丽乡村规划指导，到设立"中德乡村规划联合研究中心""同济大学美丽乡村规划教学实践基地""浙江工业大学产学研基地"，再到成立全国首家乡村振兴学院——同济·黄岩乡村振兴学院，探索提炼了10条"乡村振兴工作法"，并成功列入首批"部省共建乡村振兴示范省先行创建县"名单，乡村振兴各项工作得到全国的广泛关注和认可。

负责本次论坛策划和执行的杨贵庆教授说，适逢中国共产党建党100周年和"十四五"开局之年，在黄岩举办本次论坛的先锋性在于，将目光瞄准了乡村振兴的下一步行动，希望将黄岩模式推向全国。我们希望通过理论与实践结合，开创出"黄岩实践""台州样本""浙江经验"。甚至，在"一带一路"大背景下，我们也希望有更多的人来到浙江、来到黄岩考察。

附 录

2018年2月6日，全国首家乡村振兴学院"同济·黄岩乡村振兴学院"在浙江黄岩揭牌成立。2018年3月，新华社、瞭望智库、《财经国家周刊》等国家级新闻媒体记者专程到浙江省台州市黄岩区实地调研，深入了解同济大学杨贵庆教授团队扎根黄岩乡村开展美丽乡村规划的实践。同济大学副校长江波教授和校相关部门领导参加并陪同调研（附图-1，附图-2）。在此基础上，4月2日，调研组撰文正式发表了"极度调查"的调查报告，题为"黄岩报告：乡村振兴工作法"，按语是：乡村振兴具体如何推进？"牛鼻子"在哪？从浙江黄岩的探索中，或许能找到一些启示（附图-3）。

附图-1 调研组部分成员在黄岩区屿头乡沙滩村同济大学美丽乡村教学实践合影（2018年3月）
图片来源：黄岩区屿头乡人民政府办公室提供。
（照片左起：严刚，朱大章，张亚雷，谢锐佳，江波，吴亮，徐华，李兴华，杨贵庆，龚维灿，王先知）

附图 -2　调研组部分成员在黄岩区宁溪镇乌岩头古村合影（2018 年 3 月）

图片来源：黄岩区宁溪镇人民政府办公室提供。

（照片左起：杨贵庆，朱大章，李兴华，徐华，江波，谢锐佳，吴亮，胡鸥，王先知，里雨曦）

附图 -3　《财经国家周刊》发表封面主题文章

（左：封面，右：文章首页）

图片来源：《财金国家周刊》2018 年 4 月 2 日刊。

主要参考文献

[1] 吴亮，王先知，里雨曦. 黄岩报告：乡村振兴工作法 [J]. 财经国家周刊，2018，7：22-33.

[2] 杨贵庆，肖颖禾. 文化定桩：乡村聚落核心公共空间营造——浙江黄岩屿头乡沙滩村实践探索 [J]. 上海城市规划，2018（6）：15-21.

[3] 杨贵庆，开欣，宋代军，等. 探索传统村落活态再生之道——浙江黄岩乌岩头古村实践为例 [J]. 南方建筑，2018，10：49-55.

[4] 杨贵庆. 村庄规划"点穴启动"的方法探究——以浙江黄岩屿头乡沙滩村为例 [J]. 小城镇建设，2022（6）：60-68.

[5] 上海同济城市规划设计研究院、浙江省台州市城建设计研究院、台州市黄岩区屿头乡人民政府. 浙江省台州市黄岩区屿头乡沙滩村美丽乡村规划 [R]，2013.

[6] 杨贵庆. 乡村是解决发展不平衡的关键 [N]. 建筑时报，2022-1-28（7）.

[7] 杨贵庆. 卷首语——乡村建设理论与实践 [J]. 西部人居环境学刊，2018（1）：1

[8] 杨贵庆. 新型城镇化面临的城乡社会危机及其规划策略 [J]. 湖南城市学院学报，2014（1）：1-5.

[9] 杨贵庆. 城乡规划学科为"实施乡村振兴战略"保驾护航——学习"十九大"报告体会 [N]. 同济报，2022-1-28（7）.

[10] 孙大章. 中国民居研究 [M]. 北京：中国建筑工业出版社，2004.

[11] 王沪宁. 中国的村落家族文化：状况与前景 [J]. 上海社会科学院学术季刊，1991（1）：106-114.

[12] 刘军. 客家移民流动与乡村聚落变迁——对一个华南乡村姓氏的追踪调查 [J]. 广西民族研究，2007（2）：68-74.

[13] 刘森林. 中华聚落：村落市镇景观艺术 [M]. 上海：同济大学出版社，2011.

[14] 郎维伟，周勇军. 嘉绒藏族村落社会的宗教文化——以大渡河上游的沈村为例 [J]. 民族学刊，2015，6（2）：74-80.

[15] 龚成红，杨文炯. 宗教文化与村落社会的整合——以白银市平川区共和镇打拉池村为个案 [J]. 甘肃社会科学，2015（6）：219-222.

[16] 何韶颖，杨爽，汤众. 传统信仰场所的空间叙事——以潮州古城为例 [J]. 现代城市研究，2016（8）：17-23.

[17] 杨贵庆，王祯. 传统村落风貌特征的物质要素及构成方式解析——以浙江省黄岩区屿头乡沙滩村为例 [J]. 城乡规划，2018（2）：24-32.

[18] 杨贵庆. 激活古村落，南宋文化是张"好牌" [N]. 浙江日报，2022-1-28（7）.

[19] 王荔，杨贵庆，陶小马.耕读致远——台州沙滩村发展研究[M].浙江：浙江大学出版社，2021.

[20] 杨贵庆.点准"文化穴"，"千村千面"更动人[N].浙江日报，2021-12-10（7）.

[21] [美]克莱尔·库珀·马库斯，卡罗琳·弗朗西斯.人性场所——城市开放空间设计导则[M].2版.俞孔坚，孙鹏，王志芳，译.北京：中国建筑工业出版社，2001年10月.

[22] 蔡永洁.城市广场[M].南京：东南大学出版社，2006年3月.

[23] 杨贵庆.我国传统聚落空间整体性特征及其社会学意义[J].同济大学学报(社会科学版)，2014，25（3）：60-68.

[24] 杨贵庆，蔡一凡.传统村落总体布局的自然智慧和社会语义[J].上海城市规划，2016(4)，9-16.

[25] 杨贵庆.有村之用：传统村落空间布局图底关系的哲学思考[J].同济大学学报（社会科学版），2020（3）

[26] 杨贵庆.乡村筑梦——同济·黄岩乡建十年图记[M].上海：同济大学出版社，2022.

[27] 杨贵庆.乡村建设，多点"陪伴式规划"[N].浙江日报，2021-11-10（7）

[28] 聂梦遥，杨贵庆.德国农村住区更新实践的规划启示[J].上海城市规划，2013（05）：81-87.

[29] 王祯，杨贵庆.培育乡村内生发展动力的实践及经验启示——以德国巴登—符腾堡州Achkarren村为例[J].上海城市规划，2017（01）：108-114.

[30] Jacob H.P. van der Vaart. Towards a new rural landscape：consequences of non-agricultural re-use of redundant farm buildings in Friesland[J]. Landscape & Urban Planning，2005（Volume 70，Issues 1-2）：143-152

[31] David Pickles，Jeremy Lake. Adapting Traditional Farm Buildings：Best Practice Guidelines for Adaptive Reuse[J]. Historic England. 2017（09）

[32] 常青.略论传统聚落的风土保护与再生[J].建筑师，2005（03）：87-90.

[33] 常青，沈黎，张鹏等.杭州来氏聚落再生设计[J].时代建筑，2006（2）：106-109.

[34] 常青.第一届豪瑞奖亚太区金奖：杭州来氏聚落再生设计[J].世界建筑，2016（12）：42-45+136.

[35] 孙珠颖.休闲旅游型乡村整合更新设计策略初探[D].重庆：重庆大学，2014.

[36] 钟恺琳.山东凤凰措：废弃村落的再生营造[J].房地产导刊，2018（01）：62-65.

[37] 严婷，谭刚毅.基于类型转变研究的人民公社旧址改造设计——以湖北"石骨山人民公社"为例[J].南方建筑，2018（01）：16-21.

[38] 向刚，郭海鞍，刘海静.废旧生产建筑在特色田园乡村建设中的重生——以苏州吴中区黄墅村匠心工坊设计为例[J].小城镇建设，2018，36（10）：46-51.

[39] 杨贵庆，开欣.乡村闲置公共建筑与环境的功能再生——以浙江省黄岩区屿头乡沙滩村为例[C].中国城市规划学会乡村规划与建设学术委员会学术研讨会.2015：101-107.

[40] 但梦薇.乡村废弃公共建筑及场地再利用的规划研究——以浙江黄岩屿头乡为例[D].上海：同济大学，2015.

[41] 杨贵庆，等.黄岩实践——美丽乡村规划建设探索[M].上海：同济大学出版社，2015.

[42] 杨贵庆，等.乌岩古村——黄岩历史文化村落再生[M].上海：同济大学出版社，2016.

[43] 杨贵庆，等.乡村人居——黄岩村庄风貌导则探索[M].上海：同济大学出版社，2020.

[44] 杨贵庆，开欣，宋代军，王祯.探索传统村落活态再生之道——浙江黄岩乌岩头古村实践为例[J].南方建筑，2018，10：49-55.

[45] 杨贵庆.新乡土建造——一个浙江黄岩传统村落的空间蝶变[J].时代建筑，2019，1：20-27.

[46] 徐小青.中国农村公共服务[M].北京：中国发展出版社，2002.

[47] 程婧如.作为政治宣言的空间设计——1958-1960中国人民公社设计提案[J].新建筑，2018（05）：29-33.

[48] 万成伟，杨贵庆.式微的山地乡村——公共服务设施需求意愿特征、问题、趋势与规划响应[J].城市规划，2020，44（12）：77-86，102.

[49] 2018年9月26日，中共中央、国务院印发《乡村振兴战略规划（2018–2022年）》，提出"增加农村公共服务供给（第三十章），盘活农村存量建设用地（第三十三章第三节）"。

[50] 杨贵庆.打好乡土文化特色牌[N].浙江日报，2022-2-11（7）.

[51] 苏振锋.西部民族地区发展适用技术研究[M].陕西人民出版社，2011.

[52] Ellul J. The Technological society[M]. trans. John Wilkinson. NewYork：Alfred A. knopf，1964.

[53] 林乐芬.发展经济学[M].南京：南京大学出版社，2007.

[54] E·舒马赫.小的是美好的[M].北京：商务印书馆，1985：121.

[55] Jackson D. Alternative Technology and the Politics of Technical Change.London Foutana Origind.1974，123-125.

[56] 星野芳郎（日）.未来文明的原点[M].毕晓辉、董守义译.哈尔滨：哈尔滨工业大学出版社，1985.

[57] 许志晋，徐宪春，冯丹纯.适用技术理论历史发展评析[J].科学学研究，1996（4）：20-23.

[58] 苏振锋，翟淑君.适用技术概念与其他技术概念之比较[J].云南科技管理，2004，17（4）：51-53.

[59] 马昕.陕西省农村基础设施建设适用技术研究[D].西安建筑科技大学，2011.

[60] 芮玮玮，应迅.村镇住宅建筑节能的适用技术研究[J].建筑节能，2010，38（2）：67-70.

[61] 阮晓卿，蒋岚岚，陈豪，等.江苏不同地区典型农村生活污水处理适用技术[J].中国给水排水，2012，28（18）：44-47.

[62] 杨贵庆，戴庭曦，王桢，黄璜. 社会变迁视角下历史文化村落再生的若干思考 [J]. 城市规划学刊，2016（3）：45-54.

[63] 吴志强，宋雯珺. "城市最佳实践区"生态技术研究 [J]. 建设科技，2010（11）：40-45.

[64] 习近平.《决胜全面建成小康社会 夺取新时代中国特色社会主义伟大胜利》[M]. 北京：人民出版社，2017.

[65] 陈康. 小山村来了大教授…… [J]. 今日浙江，2018（6）

[66] 杨贵庆. 论中国式现代化的本质要求与实施乡村振兴的逻辑关联 [J]. 农村工作通讯，2022（12）：25-26.

[67] 要闻. 省委召开县（市、区）委书记工作交流会 [N]. 今日黄岩，2020-10-26（1）.

[68] 沈海洲. 新时代村级治理的黄岩模式："三化十二制"十五年历久弥新 [N]. 台州日报，2019-12-2（1）.

[69] 袁家军. 扎实推动高质量发展建设共同富裕示范区 [J]. 求是，2021（20）.

[70] 习近平. 之江新语 [M]. 浙江：浙江人民出版社，2007.

[71] 陈献之，何鹏，陈月. 用心血浇灌出"美丽乡村"之花 [N]. 今日黄岩，2015-11-20（1）.

[72] 杨贵庆. 农村社区——规划标准与图样研究 [M]. 北京：中国建筑工业出版社，2012.

[73] WANG Y Z, YANG G Q. Rural Complex：An Attempt to Develop a New Model of Rural Planning on the Urban-Rural Interface—case study of Orange Garden in Huangyan[J]. Interfaces，2020（1）：68-75.

[74] YANG G Q, LEGATES R, KAI X. Reinventing the Chinese Countryside[J]. PLANNING，2017（6）：32-39.

[75] 杨贵庆. 传统村落的"双创"与振兴 [N]. 建筑时报，2019-01-28（4）.

[76] 吴真平. 为乡村振兴探索路径 将黄岩模式推向全国——新阶段乡村振兴先锋论坛·黄岩2021论坛在浙江举办 [N]. 建筑时报，2021-06-07（2）.

[77] 杨贵庆. 城乡共构视角下的乡村振兴多元路径探索 [J]. 规划师，2019，9：1-6.

[78] 杨贵庆，关中美. 基于生产力生产关系理论的乡村空间布局优化 [J]. 西部人居环境学刊，2018，1：1-6.

[79] 仇保兴. 生态文明时代的村镇规划与建设 [J]. 中国名城，2010（6）：4-11.

[80] 中央农办、农业农村部、自然资源部、国家发展改革委、财政部关于统筹推进村庄规划工作的意见 [Z]. 2019.

[81] 中共中央 国务院关于建立健全城乡融合发展体制机制和政策体系的意见 [Z]. 2019.

[82] 自然资源部办公厅. 关于加强村庄规划促进乡村振兴的通知 [Z]. 2019.

后 记

2022年10月，中国共产党第二十次全国代表大会胜利召开，提出了"全面推进乡村振兴"。党的二十大报告指出：坚持农业农村优先发展，坚持城乡融合发展，畅通城乡要素流动，扎实推动乡村产业、人才、文化、生态、组织振兴。2023年是贯彻执行党的二十大提出的战略目标的开局之年，如何以更有力的举措、汇聚更强大的力量，全面推进乡村振兴，走出一条具有中国特色的社会主义乡村振兴道路，这是新时代城乡规划工作者的"必答题"。

乡村振兴不是低层次振兴，不是城镇化模式的复制，而是基于城乡共同繁荣、共同富裕的"中国式现代化"乡村振兴。乡村要"现代化"，而不是乡村"城市化"。未来中国的乡村和城市，虽然是两种不同的人居类型，但是它们都同样现代化，是"中国式现代化"共存的美好图景。人们选择居住在乡村还是城市，不是因为贫穷或富裕的差别，而只是价值偏好的差别。实施好乡村振兴战略，将为消除城乡不平等、实现全体人民共同富裕美好生活做出历史性贡献。

同济大学黄岩美丽乡村规划教学实践团队，从2013年开始历时十年，在学校和地方领导的关心支持下，在各方面的共同努力和帮助下，取得了来自一线实践的宝贵素材和经验，需要及时加以提炼总结，形成惠及更广的乡村规划建设理论、理念、思路和方法。希望本书的出版，以探索具有黄岩地域特色、地方特点的乡村振兴路径，为"具有中国特色社会主义乡村道路"做出一点贡献。

在本书即将付梓之际，我怀着感恩之心，谨代表本书撰写组衷心感谢各方支持和帮助！

首先感谢为本书撰写序言的同济大学党委书记方守恩教授！方书记兼任同济大学新农村发展研究院院长，一直以来对同济大学黄岩美丽乡村规划教学实践团队予以关心，指导并推动同济·黄岩乡村振兴学院的工作，热情鼓励团队师生积极参与实施国家乡村振兴的战略，号召师生"把论文写在祖国的大地上"。

其次要特别感谢参与《财经国家周刊》极度调查"黄岩报告"的课题组成员！2018年3月，时任同济大学副校长江波教授亲自率队，校党委宣传部长朱大章教授，同济大学新农村发展研究院常务副院长张亚雷教授，李兴华教授，新华社记者谢锐佳先生等，为促成"黄岩报告"提供了智慧贡献。

同时，要感谢浙江省、台州市和黄岩区的各级有关领导，他们在同济大学黄岩美丽乡村规划实践过程中给予的指导和帮助。感谢浙江省农业农村厅社会事业发展处邵晨曲处长等，感谢时任台州市政协主席陈伟义先生，感谢黄岩区委区政府多届领导、各职能部门的大力支持，特别是黄岩区农业农村局（之前为"区委农办"）相关人员的密切配合，感谢有关乡镇领导和村干部的合作共建。在本书部分章节撰写过程中，台州市黄岩交通旅游投资集团有限公司牟冲、李强，黄岩区屿头乡朱洁等提供了相关资料，曾任巴斯夫（上海公司）部门经理的崔艺曦先生及其团队在黄岩乡建适用技术应用的过程中提供了技术支持，在此一并表示感谢！

此外，还要感谢不同阶段参与过同济大学黄岩美丽乡村教学实践的师生，感谢同济大学建筑与城市规划学院老院长陈秉钊教授的悉心指导，感谢城市规划系杨帆老师、庞磊老师曾参与课程教学指导。

最后，还要感谢同济大学出版社领导的大力支持！

需要指出的是，本书所提出的"新时代乡村振兴工作法"，还存在一定的局限性，还需要不断完善。乡村振兴是一个系统性工程，我们将在新时代的不断探索实践中，继续为实现乡村全面振兴而积极努力，不断完善和提升指导乡村振兴实践的理论和方法。由于认识上和工作上的不足，对于书中的不妥甚至错误之处，望读者不吝批评指正。

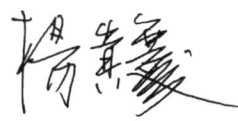

同济大学建筑与城市规划学院教授、博士生导师
同济大学新农村发展研究院中德乡村人居环境规划联合研究中心主任
教育部高等学校城乡规划专业教学指导分委员会委员
中国城市规划学会"山地城乡规划学术委员会"副主任委员
同济·黄岩乡村振兴学院 执行院长

2023 年 4 月 30 日